首届海峡两岸蒋氏文化论坛暨第五届
中华蒋氏淮滨寻根文化节优秀征文集

我的祖先我的根

王　辉　张贵义　主编

九州出版社 JIUZHOUPRESS | 全国百佳图书出版单位

图书在版编目（CIP）数据

我的祖先我的根：首届海峡两岸蒋氏文化论坛暨第五届中华蒋氏淮滨寻根文化节优秀征文集／王辉，张贵义主编．—北京：九州出版社，2012.3
ISBN 978－7－5108－1415－0

Ⅰ.①我… Ⅱ.①王… ②张… Ⅲ.①氏族谱系－研究－淮滨县－文集 Ⅳ.①K820.9－53

中国版本图书馆 CIP 数据核字（2012）第 041135 号

我的祖先我的根
——首届海峡两岸蒋氏文化论坛暨第五届中华蒋氏淮滨寻根文化节优秀征文集

作　　者	王　辉　张贵义 主编
出版发行	九州出版社
出 版 人	徐尚定
地　　址	北京市西城区阜外大街甲 35 号（100037）
发行电话	（010）68992190/2/3/5/6
网　　址	www. jiuzhoupress. com
电子信箱	jiuzhou@ jiuzhoupress. com
印　　刷	北京顺诚彩色印刷有限公司印刷
开　　本	720 毫米×1020 毫米　　16 开
插页印张	0. 625
印　　张	15. 75
字　　数	220 千字
版　　次	2012 年 3 月第 1 版
印　　次	2012 年 3 月第 1 次印刷
书　　号	ISBN 978－7－5108－1415－0
定　　价	58. 00 元

首屆海峽兩岸蔣氏文化論壇暨第五屆中華蔣氏
淮濱尋根文化節優秀徵文集

廣益薪傳

蔣孝嚴

忠孝爲本叶茂根深
信義立身族和家兴
己丑年孟秋
蒋正華

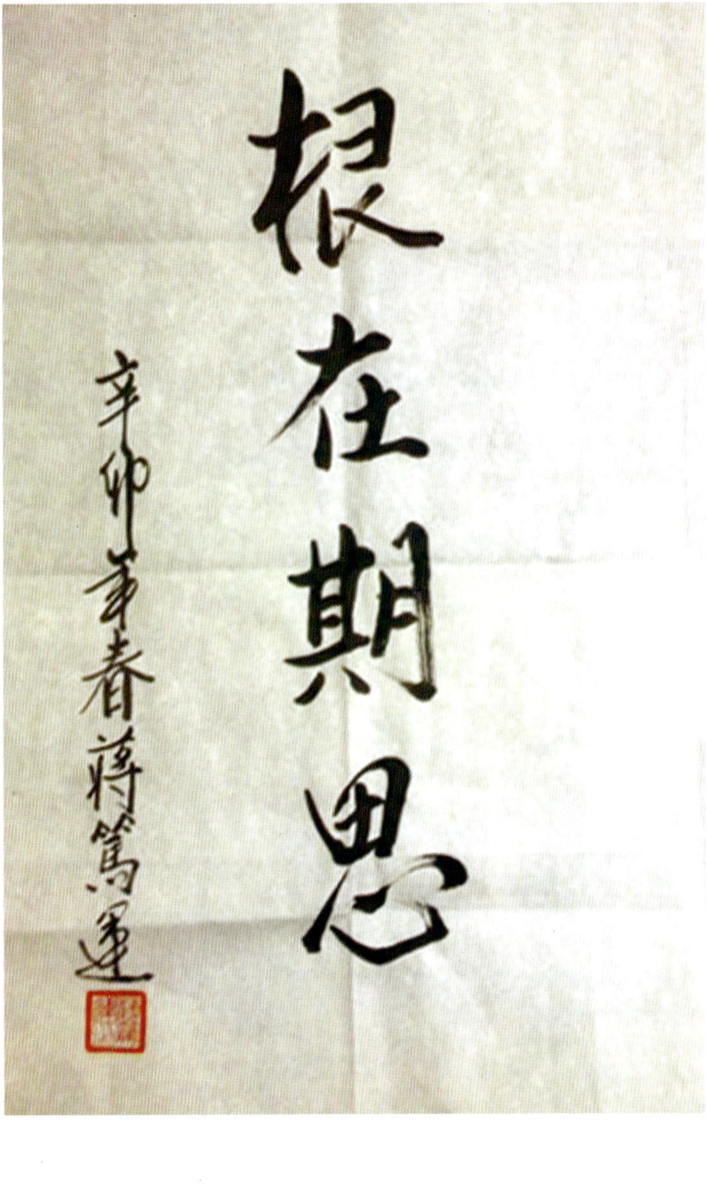
根在期思
辛卯年春蒋笃运

淮滨东湖公园

淮滨西湖公园

淮滨期思蒋国故城遗址

蒋氏族人在蒋伯龄墓祭祀

河南省政府台湾事务办公室主任宋丽萍女士和蒋孝严先生亲切交谈

蒋孝严先生（中）和信阳市根亲文化代表团成员在一起

韩国首尔的蒋氏族人在举行祭祀仪式

淮滨期思蒋伯龄墓祭祖大典

《我的祖先我的根》编辑委员会

编写说明

河南省淮滨县已经成功举办四届“中华蒋氏淮滨寻根文化节”，全球蒋姓华人越来越关注淮滨，一致认同淮滨就是自己的祖根，自己的故乡。但是，在淮滨举办海峡两岸蒋氏文化论坛尚属首次。本届海峡两岸蒋氏文化论坛和寻根文化节由河南省人民政府台湾事务办公室、河南省归国华侨联合会、信阳市人民政府主办。由信阳市人民政府台湾事务办公室、信阳市归国华侨联合会、淮滨县人民政府、信阳市根亲文化研究会、中华蒋氏国际宗亲联谊会承办。为促进海峡两岸的文化交流，促进两岸关系的进一步和谐发展，切实办好本届论坛，大会组委会发起组织了蒋氏文化论坛有奖征文活动。活动受到广大蒋氏族人和从事蒋氏文化研究的学者们大力支持，先后收到有关蒋氏文化的论文、散文、诗歌、建议等文章 70 多篇（首）。我们从中筛选出 43 篇结集出版。

本征文集所收作品以论文类为主，兼有少部分优秀散文、诗歌和建议。论文类作者有从事姓氏文化研究的著名专家学者，有本市、县的文史研究专家、有从事和爱好姓氏文化研究的蒋氏族人。论文对古蒋国封建、地望、蒋姓源流等学术问题以及有关蒋姓的播迁、郡望、支系、堂号等族史情况都有论及。作者从不同角度、不同层次展示了自己的成果和文采，提出了自己的独到见解。在编辑中我们支持百家争鸣，对同一论题不同观点的文章同时收入本书，以利于学术的交流。除对文章中的纪年方法及个别字句进行了订正，对于文章引用的论据资料不作考据，尽量保持作品征集时的原貌。

序

河南省滨淮县地处淮河中上游，豫皖两省交界处，南望大别山，北接黄淮大平原，境内沃野百里，河渠纵横，塘堰密布，洪河、闾河、白露河四面环绕，淮河干流横贯其中，享有“淮上江南”之美称。淮滨因淮河之滨而得名。

该县西周时为蒋国，战国时期为楚国期思邑，历史悠久，人文优越，是楚国名相孙叔敖的故里、中华蒋姓的起源地。在这片古老的土地上积聚了丰富的历史文化资源，积淀了独具特色的文化思想和文化现象。

近年来，淮滨县抓住两岸关系和平发展的历史机遇，积极依托中华蒋氏根亲文化资源，主打两岸文化交流牌，先后举办了四届“中华蒋氏淮滨寻根文化节”活动，在海内外及两岸蒋氏宗亲中产生了积极而深远的影响。

2011年，该县组织开展以“我的祖先我的根”为主题的“首届海峡两岸蒋氏论坛”征文活动，此活动开展以来，得到了包括台湾地区蒋氏宗亲在内的海内外人士的高度关注和支持，共收到海内外各界人士的根亲文章70余篇。看着这些有质量的文稿，甚是欣慰。从作者情况看，既有大陆部分高校和专门从事根亲文化研究的知名专家学者，也有台湾地区政界、教育界的知名人士；既有耄耋之年者，也有朝气蓬勃的新生一代。他们或用严谨的文笔追古溯今，旁征博引，阐述蒋氏源流和蒋氏文化的深刻内涵；或用生动的人物和事例，解读蒋氏文化蕴藏的中华优秀传统文化精髓；或以诗歌、散文的形式，抒发尊宗敬祖、慎终追远、爱国爱家的心志。活动“组委会”聘请了国内知名专家学者对来搞进行了认真的评选，选出获奖作品若干，并集结成这本《我的祖先我的根——首届海峡两岸蒋氏文化论坛暨第五届中华蒋氏淮滨寻根文化节优秀征文集》。该书即将付梓，中国国民党副主席蒋孝严先生为本书欣然题辞；本书同时还收录了全国人大常委会原副委员长、农工民主党中央原主席蒋正华，河南省人大副主任蒋笃运等领导的题辞。该书内容丰富，是一本研究中华蒋氏文化不可多得的文献，对开展豫台两地文化交流，传承中华优秀的姓氏文化具有积极的现实意义。

河南与台湾血缘相亲、文缘相近、史缘相通，有着非常深厚而密不可分的历史渊源。希望各地充分利用当地的对台资源，积极开展豫台交流交往工作，为中原经济区建设和促进海峡两岸关系和平发展做出新的贡献。

宋丽萍

2012年3月

目　录

蒋国历史地理问题考辨

陈隆文*

蒋国是西周时期的古老封国之一，最早见诸文献记载的是《左传》僖公二十四年富辰的一段话："凡、蒋、邢、茅、胙、祭、周公之胤也。"《唐书·宰相世系表》认为："周公第三子伯龄封于蒋，子孙因以为氏。"那么，蒋国始封何处？何时受封?近人均已有探讨，但其中有些问题值得进一步研究。本文试就有关蒋国历史地理的问题进行探讨，不当之处敬希批评。

一

蒋国应受封于何时？周灭商后，建立了西周王朝。周人为巩固其新政权，一方面对商王朝的残余反抗势力进行武装镇压，另一方面又采取大分封的办法对所遗留下的辽阔地域实行"分封"统治。根据文献记载，西周初年较为集中的分封大致有三次[1]：一在武王伐纣之后，二在周公摄政与成王亲政之时，三在康王在位之世。故《左传》昭公二十六年曰："昔武王克殷，成王靖四方，康王息民，并建母弟，以藩屏周。"便是周初三次大分封的重要记载。我们说蒋国受封之时也应在西周初年，这一点是毋庸置疑的。但是其具体时间在周初什么时候，存在以下几种不同看法：

一、《左传》僖公二十四年载："昔周公吊二叔之不咸，故封

* 陈隆文，郑州大学历史学院。

建亲戚，以藩屏周。”而从封“凡、蒋、邢、茅、胙、祭”的情况看来，说明蒋国受封之时，应当在周公东征之后，即“周公摄政”之时，故童书业先生说：“周公还政成王，在既定东都之后。《洛诰》‘惟周公诞保文武受命，惟七年。’此为古代纪年之法，则周公‘受命’称王凡七年，其大封之事当在此七年中也。”[2]（P35）

二、《汉书·王莽传》载：“成王广封周公庶子，六子皆有茅土。”说明蒋国也应在六子之内，其受封之时当在成王执政之后，即成王“亲政”之时。有的学者认为在周成王四年（公元前1060年）[3]（P104）。

三、如果根据《左传》僖公二十四年唐人孔颖达所作《疏》认为：“凡、蒋、邢、茅、胙、祭，周公之胤也，岂周公自封哉?固当成王即位之后，或至康王之时，始封之耳。”[4]（P419）认为蒋国受封之时当在成王执政之后至康王在位之时。

从以上文献记载看，我认为蒋国受封应与邢侯同时。《左传》僖公二十四年曰：“凡、蒋、邢、茅、胙、祭”都是周公庶子，按其顺次“蒋”是第二。如果将蒋与受封于鲁的周公长子伯禽并计，那么蒋应是第三，邢是第四，与《汉书·王莽传》所谓“周公享七子之封”的叙述是完全吻合的。它从一个侧面证明蒋国受封应与邢国同时。根据1921年洛阳出土的《邢侯簋》和有关材料，当可说明蒋、邢二国同时受封，其时间当在成王亲政之时的说法是比较可信的。

《邢侯簋》又名《周公簋》，郭沫若先生判定此器为康王时器。[5]（P39）唐兰先生认为《井（邢）侯簋》是康王时重要铜器之一，这件铜器可能在康王前期。[6]（P163）可是李学勤先生却定为成康时器。[7]（P58）但根据《邢侯簋》的铭文内容和文献记载，我认为该簋应为成王时器。现将《邢侯簋》铭文抄录如下：

隹（唯）三月，王令（命）荣暨内史
曰：匄井（邢）侯服。锡臣三
品：州人、重人、鄘人。拜
稽首，鲁天子，周厥频
福，克奔走上下帝，抚令
于有周。追孝，对，不敢
坠，昭朕福盟。朕臣天子
用典王命，作周公彝。

铭文中的王应为成王，荣是人名，是执周王命令的辅臣，当即成王时任职的荣伯。锡与赐通，孙诒让认为“舍”即“施舍”[8]，唐兰先生认为即授予。[9]义不同。井即邢的初文，故井侯即为邢侯。州、重，鄘，郭沫若先生释为部落名称，已沦为奴隶。唐兰先生认为：州人即州氏，河内郡有州县，即今河南沁阳东南。即重字，以州与鄘推之，当在邢国附近，在今河南省辉县一带。鄘，今河南省新乡县西南三十二里有鄘城。[6]（P161–162）

根据铭文内容，《邢侯簋》是邢侯在接受成王授赐之后，为祭祀其父周公而作的器物。因此，李学勤先生认为铭文中的邢侯，无疑就是周公之子第一代邢侯[7]（P58），它说明邢国的第一代受封之人是周公之子。因此，《邢侯簋》为成王时器。我们据此也认为蒋国受封之时应当在成王亲政之时。

蒋国受封不在周公摄政之时，而在成王亲政之时，还可以从其他有关文献中找到佐证。《诗经·鲁颂·閟宫》：“王曰叔父，建尔元子，俾侯于鲁，大启尔宇，为周室辅。”皇甫谧《帝王世纪》也说：“周公居冢宰摄政，成王年少，未能治事。故号曰孺子。八年始躬政事，以周公为太师。封伯禽于鲁。父子并命，周公拜于前，鲁公拜于后，王以周公勋劳于天下，故加鲁以四等之上。兼二十四附庸，地方七百里。”[10]（P91）从这些记载看来，虽然是记伯禽受封在成王亲政之时，但从这里亦可以得知蒋国受封之时，也应当在成王亲政之时。蒋国受封当在成王之时，这一点是可以相信的。

传世蒋国青铜器有《蒋兑簋》、《蒋子宝爵》，有关内容见于《殷周金文集成释文》，此不赘述。根据《姬蒋鼎》，蒋为姬姓这一点是毫无疑问的。又据《蒋兑簋》铭文曰：“唯正月初吉甲午，蒋兑作朕文祖周公皇考季氏尊簋，用祈眉寿，万年无寿……”铭文中的“皇考”是对亡父之尊称。《礼记·曲礼》谓“父曰皇考”，《离骚》曰：“朕皇考曰伯庸。”《礼记·王制》曰：“曾祖之庙曰皇考庙。”而朱熹注曰：“皇，美也，父死称考。”王逸《章句》：“皇美也，父死称考。”《礼记·祭法》曰：“诸侯立五庙，一坛，一墠。曰考庙，曰王考庙，曰皇考庙，皆月祭之。”以《礼记·祭法》证之，皇考周公当为蒋兑之父庙，此说明蒋兑为蒋国第一代国君，其称周公为“皇考”，说明蒋国受封之时也应当在成王亲政、周公亡命之时。这一结论也与《麦尊》铭文所记邢国受封的时间是一致的。《麦尊》铭文曰；“王命辟，邢侯出不力（耜）侯于邢，粤若元侯见于宗周，亡尤。……唯归，匡天子休。告亡尤，用恭义宁侯显考于邢侯。”[6]（P249）铭文的大意是说：“二月，邢侯谒见成王于镐京，很顺利。……返回邢国后，为正天子成王之美德，邢侯以恭敬宁亲仪礼告祭其亡父周公于邢国。”《麦尊》一般认为是成王时器。是邢侯一位名叫麦的官吏在邢侯朝谒成王受到优厚礼节的待遇返回邢国之后，所做的一件器物。铭文明言邢侯称其亡父周公为“皇考”，说明邢侯的受封之时当在成王周公去世之后。[11]（P64）而蒋国的受封也只有在此时才能与《左传》僖公二十四年所记“凡、蒋、邢、茅、胙、祭，周公之胤也”相印证。所以蒋国的受封当在成王亲政之时，这一点不应有太大的问题。至于说蒋国受封在成王亲政的哪一年，《今本竹书纪年》有一段材料可以参考。黄永年先生点校的《今本竹书记年》中引《通鉴外纪》曰：成王在位三十年，通周公摄政三十七年”。[12]（P85）“元年丁酉春正月，王即位，命冢宰周文公总百官。庚午，周公诰诸侯于皇门。夏六月，葬武王于毕。”“武庚以殷叛，周文公出居于东。”“二年，奄人、徐人及淮夷入于邶以叛。”“三年，王师灭殷，杀武庚禄父，迁殷民于卫。遂伐奄，灭蒲姑。”“四年春正月，初朝于庙。王师伐淮夷，遂入奄。”“五年春正月，王在奄，迁其君于蒲姑。”“夏五月，王至自奄，迁殷民于洛邑，遂营成周。”“六年，大蒐于歧阳。”“七年，周公复政于王。”“八年春正月，王初莅阼亲政。命鲁侯禽父，齐侯伋迁庶殷于鲁。”“二十一年，周文公薨于丰。”“二十二年，葬周公于毕。”如果根据《今本竹书纪年》的年代推算，将蒋国受封之时断定在鲁国伯禽受封之后周成王在位的第八年，而邢国受封也在此时，应该说是可信的。在这里应该说明的是蒋国不大可能在周成王在位的二十二年左右。最近有的同志将邢侯受封之时，断定在周公去世之后的周成王二十二年，[11]这个看法是似乎不妥。

二

蒋国始封地应在何处?古今学者存在以下不同的看法，其中影响较大的有以下三种：

一、清高士奇《春秋地名考略》据《太平寰宇记》记在今尉氏县西六十里有蒋城，谓蒋国故封在此。

二、今人何光岳先生认为：“蒋国始封地，当在今获嘉西北三十里的蒋河之滨。蒋河发源于修武县北陆真山下的蒋村泉，东注

入卫河，旁有蒋村，或即蒋国故城。”[3]（P105）

三、《汉书·地理志》谓“期思”，颜师古注曰“故蒋国。”《后汉书·郡国志》谓：“期思有蒋乡，故蒋国。”《左传》杜注：“蒋在弋阳期思县。”《路史·国名记戊》罗萍注：“期思故城在固始西七十里。”《读史方舆纪要》卷五十光州固始县“期思城，县西北七十里，古蒋国”。上述诸说都以蒋国始封当在期思，而期思故城古代文献都明确记载其应在清固始县境内。

可是今人杨伯峻先生《春秋左传注》中却说：“据杜注今河南省固始县东北有蒋集，当即其地。”在这里，杨伯峻先生显然错误地将古期思县蒋乡误作今河南省固始县的蒋集，因而误解了杜预注的真正涵义。何光岳先生也沿袭杨注的错误观点，提出了“今固始县东北二十里有地名蒋家集，即古之蒋乡，位于史河东岸，乃古蒋国故地”的看法。[3]进而又批评谭其骧先生主编《中国历史地图集》（第一集）春秋、楚、吴、越图中列蒋国于期思，即采用《路史》罗萍注及《读史方舆纪要》之说的做法，反复强调蒋国“即在固始县北七十里的今淮滨县期思乡，显然有误。”[3]这是不妥的，我认为谭其骧先生主编《中国历史地图集》没有错，谭先生所绘《中国历史地图集》关于古蒋国地理位置是正确的。

首先，今尉氏县蒋城为古蒋国的说法，无论从文献和考古材料都是不足为凭的。今尉氏县西六十里也根本找不到什么蒋城地名，也没有什么遗迹可寻。

其次今获嘉县、修武县之间的蒋河、蒋村也根本不与西周时封国蒋国发生任何关系。在郦道元《水经注》中也根本没有记什么蒋河，说明蒋河不是一条古老的河。在今修武县西有一条很小的蒋沟，可是它不与获嘉相连。值得注意的是获嘉、修武之间所属乡也根本没有什么古老的蒋村作为蒋村，过去的修武县曾有蒋村，可是今行政区划变迁它已属焦作市郊区。当地有“八蒋村”的口头禅。蒋村是指八个蒋村：河头蒋村、竹园蒋村、前蒋村、赵蒋村、丁蒋村、油坊蒋村、鼓手蒋村、韩蒋村等。这些村子的名称起源都与蒋国无关，据说从前有一家姓蒋的大地主，拥有大片土地，周围居住的韩姓、赵姓、丁姓都是蒋家佃户，后来这些人逐渐多起来，便以姓氏取了村名。因土地、房屋全是蒋村的，为区别其他佃户住地，因而有韩、赵、丁蒋村之名。其他还有以地理位置定的前蒋村，原名南村。南为前，北为后。还有以职业而定名的油坊蒋村和鼓手蒋村，以特产定名的竹园蒋村。1949年后由于生产上的需要，经过迁移合并，其中丁蒋村、河头蒋村和竹园蒋村合并为前蒋村。鼓手蒋村已迁至油坊蒋村。所以，目前只有前蒋村、韩蒋村、赵蒋村和油坊蒋村，位于今焦作市郊区东部九里山乡，北与官庄交界，东与修武县马坊为邻，南与修武县五里源乡相连。[15]

从以上材料看来修武县蒋村之名与古蒋国无关。因此，古蒋国始封地在今获嘉、修武间的说法是站不住脚的。在这个地区更没有发现任何古城遗址。

现在根据文献记载和考古调查材料，我们可以证明今河南淮滨县期思乡为古蒋国的始封地。也是春秋时期的蒋国故地。邑人万自逸《固始县地理沿革考》谓“《郑氏通志》：蒋都期思，故城在光州固始西北七十里。《春秋大事表》：期思，文十年，楚王田孟诸，期思公复遂为右司马。杜注：弋阳期思县故蒋国，楚灭之以为邑。”又云：“蒋姬姓，周公子、今河南固始县西北七十里期思城是也，不知何年灭于楚为期思邑。”又据清《固始县志》记载：“春秋传说《汇纂》期思故蒋国，楚灭之，汉置县，属汝南郡，隋属光州，兵乱后废，今在固始县西北七十里。”又说：“汉期思即今期思集，光、息接壤。”“旧志期思县故城在今县西北七十里，期思集遗迹犹存。”[14]我们再根据《清一统志》记载：“期思故城，在固始县西北，楚期思邑，《左传》文公十年楚期思公复遂为右司马，汉高帝十二年，封贲赫为期思侯，后为县，属汝南郡，后汉因之，晋属弋阳郡，刘宋萧齐因之，后废。按《地形志》长陵郡安宁县有期思城，《寰宇记》在固始县西北七十里，自梁以来废，《隋志》复有期思在今商城县界，非故县也。”从以上《县志》与《清一统志》的记载，均言古蒋国在固始县西北七十里的期思集，为古蒋国的国都所在．期思县废后，一直属固始县。1949年后，建立淮滨县，期思和固始所辖白露河以北地区划归淮滨县。自此，古蒋国始封之地应在今淮滨县期思乡。

考古工作者在淮滨县曾发现过期思故城遗址。期思故城，位于白露河和淮河汇流处的中间偏南地带，距县城东南三十华里，为期思乡所在地。古城北靠小死河，这条小河由北向南至古城下折向东去。古城以北、死河以西为岗地，死河以东为湾地。古城以南约为四华里的小片岗地，南下至白露河为十里草湾。期思古城便坐落在东、南、北三面湾地包围的一片岗地上。在淮河南岸，正与郦道元《水经注》所记相吻合。《水经·淮水注》曰：“（淮水）又东过期思县北，县，故蒋国，周公之后。《春秋》文公十年（公元前617年），楚（穆王）王田于孟渚（今河南虞城县境），期思公复遂为右司马，楚灭之以为县。”这就是期思县命名的由来。以后汉置期思县，汉高帝十二年以封贲赫为侯国。《括地志》也曰：“期思故城在光州固始县界。”[15]（P211）经过近几年来考古工作者的调查，在该地发现古城遗址一座。城平面呈长方形，东西长1700米，南北长400~500米，古城除北面靠死河的台地、城内的地面相平、已无城址痕迹外，其余三面城址断断续续有遗迹可探寻。古城墙残高2~4米，墙址底宽32米左右。[17]在古城遗址范围内，采集到石镰和商周时期的陶鬲足，还有西周、春秋、战国时期的铜镞，春秋战国时期的铜剑、铜矛，以及汉代的石印章、唐代的铜镜。[16]这些考古材料说明期思古城的始建年代应在西周时期，以后秦汉唐继续使用。

从以上文献与考古调查看，期思古城最早应为蒋国故城，春秋时灭于楚国。可是有的学者认为："今固始县东北二十里有地名蒋家集，即古之蒋乡，位于史河东岸，乃古蒋国故地。"[3]（P105）这应是不正确的。《后汉书·郡国志》："期思有蒋乡，故蒋国。"这就说明蒋国的故封应在今淮滨县期思乡。如果把今固始县史河东岸的蒋家集，说成是古之蒋乡，为古蒋国地，则是没有任何文献依据的。况且今固始县东北、史河东岸的蒋家集，是因蒋姓在此建村得名，根本找不到任何西周、春秋、战国时期的蒋国考古材料。《清一统志》也根本没有"固始县东蒋乡为古蒋国"的记载。因此，何光岳先生谓："《清一统志》所说的固始县东蒋乡为蒋国是对的"的看法是对《清一统志》的误会。因为《清一统志》明白说"蒋乡，在固始县东。"而并没有说是"蒋国，在固始县东"。这是正确理解古代地理文献的关键所在。不仅如此，《汉书·地理志》也没有"汝南期思县蒋乡，古蒋国，楚灭为期思"的记载。只是颜师古注："期思，故蒋国。"可见何先生完全误解了《汉书·地理志》。

注 释：

[1] 徐中舒：《西周史论述》（上）[J].《四川大学学报》1979，（3）.

[2] 重书业：《春秋左传研究》[M]. 上海：上海人民出版社 .1980.

[3] 何光岳：《蒋国考：兼谈蒋菰（茭白）的栽培和利用》，《史学月刊》.1987（3）.

[4] 李学勤主编：《春秋左传正义》[M]。北京：北京大学出版社，1999.

[5] 郭沫若：《两周金文辞大系图录考释》[M]. 北京：科学出版社 1985.

[6] 唐兰 :《两周青铜器铭文分代史征》[M]. 北京 : 中华书局 .1986.
[7] 李学勤、唐云明 :《元氏铜器与西周邢国》[J],《考古》1979（1）.
[8] 孙诒让 :《古籀拾遗》[M]. 北京 : 中华书局 .2005.
[9] 唐兰 :《两周铜器断代中的康宫问题》[J].《考古学报》.1962（1）.
[10] 徐宗元 :《帝王世纪辑存》[M]. 北京 : 中华书局 .1964.
[11] 杨文山 :《邢国封建考》[M].《河北学刊》.1989,（5）.
[12] 黄永年点校 . 今本竹书纪年疏证 [M]. 沈阳 : 辽宁教育出版社 .1997.
[13] 焦作市地名委员会办公室编 .《焦作地名考》（第二集）[Z]1982.
[14] 谢聘撰清《固始县志》[M].
[15] 贺次君辑校 :《括地志辑校》[M]. 北京 : 中华书局，2005.
[16] 李绍曾 :《期思古城遗址调查》[J].《中原文物》1983 年特刊。

蒋国历史与地理综考

金荣权[*]

一、蒋国历史论考

蒋国在《左传》中凡两见，首见于鲁僖公二十四年："凡、蒋、邢、茅、胙、祭，周公之胤也。"再见于鲁襄公十二年："吴子寿梦卒。临于周庙，礼也。凡诸侯之丧，异姓临于外，同姓于宗庙，同宗于祖庙，同族于祢庙。是故鲁为诸姬临于周庙，为邢、凡、蒋、茅、胙、祭临于周公之庙。"《左传》的两则记载仅说明凡、蒋、邢、茅、胙、祭六国皆为周公之后，对将国始封的相关情况、发展过程及灭亡时间均没有明确的记载。

《左传·昭公二十六年》说"昔武王克殷，成王靖四方，康王息民，并建母弟，以蕃屏周。"可见西周前期的大量分封诸侯主要有三次，一次是在武王灭商之后，第二次是在成王时期，第三次在康王时期。关于蒋国分封的具体时间，目前学术界主要有三种意见：

1. 蒋始封于周公摄政期间。《左传·僖公二十四年》载："昔周公吊二叔之不咸，故封建亲戚以蕃屏周。管、蔡、郕、霍，鲁、卫、毛、聃，郜、雍、曹、滕，毕、原、酆、郇，文之昭也。邘、晋、应、韩，武之穆也。凡、蒋、邢、茅、胙、祭，周公之胤也。"据此，童书业先生认为："周公'受命'称王凡七年，其大

* 金荣权，信阳师范学院。

封之事当在此七年中也。”[1](35)

2. 蒋始封于成王亲政之时。《汉书·王莽传》：“成王广封周公庶子六人，皆有茅土。”所言“周公庶子六人”便是凡、蒋、邢、茅、胙、祭六国，则说明，六国受封在成王亲政之后。所以齐思和先生认为：“凡、蒋之封或在周公之后。”[2](45)

3. 蒋始封于成王至康王之时。据《左传·僖公二十四年》孔颖达《疏》云：“凡、蒋、邢、茅、胙、祭，周公之胤也。岂周公自封哉？固当成王即位之后，或至康王之时，始封之耳。”认为凡、蒋等六国皆为周公之子，周公出于避嫌，按理当不会自封之，可能封于成王执政之后，也可能封于康王时期。

结合史料记载、传世的相关青铜器铭文、西周初期的历史状况等情况综合分析，我们认为蒋国之分封时间当在周公去世之后，是周成王为了感念周公之德而采取的褒奖行为，凡、邢、祭诸国之分封也当在此时。主要理由有以下三点：

其一，在周公摄政期间，不具备分封蒋国的政治条件。《史记·周本纪》载：“成王少，周初定天下，周公恐诸侯畔周，公乃摄行政当国。管叔、蔡叔群弟疑周公，与武庚作乱，畔周。周公奉成王命，伐诛武庚、管叔，放蔡叔。……初，管、蔡畔周，周公讨之，三年而毕定，……周公行政七年，成王长，周公反政成王，北面就群臣之位。……召公为保，周公为师，东伐淮夷，残奄，迁其君薄姑。”从此来看，周公摄政为管蔡之乱提供了借口，周公摄政的前三年内，主要精力都用在平定武庚和管、蔡之乱上，平乱之后，为了不至于引起年少的成王和其他同姓诸侯的猜疑，一直都小心翼翼，他断不会同时把自己的六个儿子都封为占据周王朝要地的诸侯国的。

其二，传世的《邢侯簋》是邢、蒋诸国封于成王时的佐证。

周公的第四子姬苴为邢侯，封地就是今天河北省的邢台。姬苴受封后，为祭祀父亲周公，铸造了大批青铜器，邢侯簋便是其中之一。邢侯簋原为圆明园珍贵文物，现收藏于英国大英博物馆。铜器上有铭文68字曰："隹三月，王令荣眔内史曰：更井（邢）侯服，易臣三品，州人、東人、庸人。拜稽首，鲁天子造厥濒福，克奔走上下，帝无冬令于有周，追考。对不敢坠，邵朕福盟，朕臣天子，用册王命，乍周公彝。"[3]（23-28）根据铭文内容，李学勤先生认为铭文中的邢侯，无疑就是周公之子第一代邢侯。[4]（58）说明，邢国之受封时间为周公去世之后。因此，我们认为，作为周公的第三子伯龄也当在此时受封于蒋国。

其三，周公去世之后，成王为感念周公，对鲁国恩宠有加，在此时分封周公支庶六子理所当然。《史记·鲁周公世家》曰："周公既卒，成王亦让，葬周公于毕，从文王，以明予小子不敢臣周公也。周公卒后，秋未获，暴风雷，禾尽偃，大木尽拔。周国大恐。成王与大夫朝服以开金縢书，王乃得周公所自以为功代武王之说。二公及王乃问史百执事，史百执事曰：'信有，昔周公命我勿敢言。'成王执书以泣，曰：'自今后其无缪卜乎！昔周公勤劳王家，惟予幼人弗及知。今天动威以彰周公之德，惟朕小子其迎，我国家礼亦宜之。'王出郊，天乃雨，反风，禾尽起。二公命国人，凡大木所偃，尽起而筑之。岁则大熟。于是成王乃命鲁得郊祭文王。鲁有天子礼乐者，以褒周公之德也。"周公亡后，周成王恩准鲁得以郊祭文王、拥天天子之乐，也正是此时，使周公的其他六子得以受封为侯国。

成王二十一年，周公薨于丰。二十二年，葬周公于毕。按此推算，蒋之受封的具体时间当在周成王二十二年，也即葬周公之当年。

同时受封的六国多数为"伯"爵，从《邢侯簋》铭文来看，只有邢国为侯爵。祭为伯爵：《春秋》隐公元年有“祭伯来”，杜预注：“诸侯为王卿士者，祭，国；伯，爵也。”[5](4)《左传·桓公八年》曰：“祭公来，遂逆王后于纪。”杨伯峻曰：“隐公元年有祭伯，疑即此人。此称祭公，或此时为天子三公。”[6](120)以此来说明此称“祭公”非言祭国为公爵，而只说明此人为王之卿士位列三公也。凡亦为伯爵：隐公七年《春秋》曰：“戎伐凡伯于楚丘以归。”1993年平顶山应国墓地M242出土“柞伯簋”，“柞伯”即“胙伯”，可证胙也是伯爵。蒋国当亦为伯爵。

蒋国的灭亡当在楚穆王四年（公元前622年）。在此前的楚成王二十四年（前648年）灭黄之后，楚国北上与齐争雄，于鲁僖公二十八年（前632年）在城濮大败于晋，退回淮河以南。终武王时代再没有北进中原。前626年穆王杀成王而自立，穆王继位之后为了避免与晋人的冲突，便将军事重心移至淮河流域，沿上游向中游推进，于前623年灭江国，次年灭蓼国与六国。蒋国西临息国（息已于前683年前后为楚文王所灭，此时息沦为楚之一县），东依蓼国。当息、蓼先后为楚所亡后，夹居于两国之间的蒋国不会独存。所以我们认为蒋大致与蓼国同时在楚穆王四年（公元前622年）为楚国所灭。

蒋灭之后，楚在蒋国故地设期思县，最高行政长官称“期思公”。据《左传》文公十年（前617）载：“陈侯、郑伯会楚子于息。冬，遂及蔡侯次于厥貉。将以伐宋。宋华御事曰：‘楚欲弱我也。先为之弱乎，何必使诱我？我实不能，民何罪？’乃逆楚子，劳，且听命。遂道以田孟诸。宋公为右盂，郑伯为左盂。期思公复遂为右司马，子朱及文之无畏为左司马。”此年距蒋之灭亡仅5年，右司马复遂应是统领蒋国故地的第一代期思公。

二、蒋国地理考

对蒋国始封之地，古今学者多有不同意见，归纳起来，有五种说法：

1. 在今天河南省新乡市获嘉县。当代学者何光岳先生认为："蒋国始封地，当在今获嘉西北30里的蒋河之滨。蒋河发源于修武县北陆真山下的蒋村泉，东注入卫河，旁有蒋村，或即蒋国故城。"[7]（105）

2. 在今河南省开封市尉氏县。北宋乐史所撰《太平寰宇记》卷一，"开封府·尉氏县"载："蒋城在县西50里，其城以西，半属郑县界。《左传》僖公二十四年蒋、邢、茅、胙、祭，周公之胤也。"清高士奇《春秋地名考略》也持此观点。

3. 今河南信阳市光山县仙居乡。《新唐书·宰相世系表》记载："蒋氏出于姬姓。周公第三子伯龄封于蒋，其地光州仙居县是也。宋改为乐安，蒋为强国所灭，子孙以国为氏。"郑樵《通志·氏族略》二说："蒋氏，周公之第三子伯龄所封之国也。杜预云弋阳期思县是。按期思，宋改为乐安，今光州仙居县是也。"地在今光山县西北之仙居乡。

4. 在今天河南省信阳市固始县东北蒋集乡。杨伯峻先生说："蒋，据《通志·氏族略》二，为周公第三子伯龄所封国。据杜注今河南省固始县东北有蒋集，当即其地。高士奇《地名考略》则据《寰宇记》今尉氏县西六十里有蒋城，谓蒋国故封在此。据《唐书·宰相世第表》十五下在今河南信阳地区光山县西五十里。以第一说较可信。"[7]（423）当代历史学者徐少华也承此说，认为："位于汉期思县治的古蒋国亦应在今固始县东北、史灌河东岸、蒋集以北的淮河南岸地带。"[8]（114）

5. 在今河南省信阳市淮滨县东南期思镇。《汉书·地理志》“汝南郡”有期思县，颜师古注曰：期思，“古蒋国。”[9]（1563）《后汉书·郡国志》说：“期思，有蒋乡，故蒋国。”《左传》杜注：“蒋在弋阳期思县。”[7]（347）《读史方舆纪要》卷五十“光州”“固始县”载：“期思城，县西北七十里，古蒋国，楚灭之为期思邑。汉置期思县，属汝南郡。”当代学者陈隆文也认为：“根据文献记载和考古调查材料，我们可以证明今河南淮滨县期思乡为古蒋国的始封地，也是春秋时期的蒋国故地。”

正因为历史上对蒋之故地有多种不同的说法，在当代，一些学者采取折中的办法，用迁徙说来解释不同地方出现蒋国故迹的原因。徐少华认为西周宣王以前的蒋国在尉氏县西的古蒋城，“蒋国从今尉氏县西之蒋城迁至淮南固始县东北地带，当在西周晚期召公平淮夷之后，为加强对淮夷诸国的管理和控制，进一步稳定淮域局势而采取的新部署。”[8]（117）马世之在《中原古国历史与文化》考证一书中则认为：蒋国始封地应在今河南获嘉县蒋村，时间在成王后期，后于昭王、穆王时期南迁至今尉氏县蒋城，在宣王之世为了加强对南淮夷旧地的控制，将蒋国南迁至今淮滨县境。[10]

以上第一种和第二种说法依据有三：

一是此地古有“蒋城”或“蒋河”、“蒋村”等旧名，因此认为此地便为先秦蒋国故地。

二是与蒋同时受封的其他五国皆在中原地带，如凡在今河南省辉县，邢在河北邢台，茅山东金乡，胙在今河南延津县北部，祭在今河南省郑州附近，因此认为蒋国也应在黄河两岸的中原腹地。

三是蒋国在西周宣王以前在淮南没有存在的可能，所以徐少华说：“西周宣王以前，淮河上游以南和淮河中下游地区主要是嬴、偃集团为主的淮夷集中分布地，那里周文化影响有限，战乱频仍，根本没有蒋国立足之地。”[8]（117）以获嘉、尉氏有“蒋城”、“蒋村”，从而来证明即为古蒋国地是没有科学依据的，这两地可能是蒋国灭亡之后，蒋之后人北迁之后的聚居之地。与蒋同时受封的其他五国分布在山东、河北、河南三省，十分分散，蒋国独处淮河上游并不奇怪。

至于说，蒋国在西周中前期没有在淮滨存在的可能的说法更站不住脚，因为蒋之受封在成王征服东夷与淮夷之后，为了安抚夷人，周王朝在淮河上中游分别分封了嬴姓的黄国（今潢川县境）、江国（今正阳县境）和偃姓的六国（今六安市）、蓼国（今固始县境）等，但同时也分封了姬姓的息国（今河南息县境）、赖国（今息县境），也正是此时，周成王把蒋国分封在与息、赖相邻的淮滨县境，一是为了加强对淮夷诸国的控制，二是为了增援姬姓的息、赖两国，反映了周王朝分蒋国的政治意图。

光山县境西周至春秋时属于弦国地，蒋与光山无关。蒋之始封地在光山县仙居说，本是一个误会。光山县汉为弋阳县地，隋置光山县，“宋太平兴国中，改曰期思，寻复故，仍属光州。”[11]（1225）因宋太平兴国年间（976–983）光山曾一度改名为期思，所以随后的宋代欧阳修、郑樵两人便将原在淮滨的期思移到了光山，遂以讹传讹。

杨伯峻等人认为蒋故城在今河南固始县东北的蒋集，也大概是因为地有“蒋集”而产生的错误。因蒋集在西周至春秋中期属蓼国地，而非蒋国所有。春秋中期，楚灭此地诸国，建期思县，固始当时为期思县之潘乡，又名寝丘邑。至西汉，于潘乡（寝丘邑）置寝县。所以《汉书·地理志》“汝南郡”有期思、寝两县。颜师古注曰：期思，“古蒋国。”又引应劭语曰：寝，“孙叔敖子所邑之寝丘是也”[9]（1563）东汉建武二年（公元26年），光武帝刘秀封其妹婿大司农李通为固始侯，县名由寝改为固始。此时，固始与期思县同时存在，所以《后汉书·郡国志》说："期思，有蒋乡，故蒋国。"表明这里的"蒋乡"在汉代的期思县境（今淮滨县）而非固始县的将集。

从历史文献资料和后天考古发掘的结果证明，西周至春秋中期的蒋国封地在今河南省淮滨县境，其故都在今淮滨县东南部的期思镇。主要证据有三：

其一，从较早的文献记载来看，对蒋国故地的记载大都指向淮滨县。如《汉书·地理志》"汝南郡"有期思县，颜师古注曰：期思，"古蒋国。"[9]（1563）《后汉书·郡国志》说："期思，有蒋乡，故蒋国。"《左传》杜注："蒋在弋阳期思县。"[5]（347）等。而其他各说大都是在宋代以后才出现的。

其二，《水经注》的记载印证了蒋在淮滨期思镇的记载。《水经注》《经》文曰："（淮水）又东过新息县南，又东过期思县北，又东过原鹿县南，汝水从西北来注之。"郦道元注云："县故蒋国周公之后也。《春秋》文公十年，楚王田于孟诸，期思公复遂为右司马，楚灭之以为县。……城西北隅，有楚相孙叔敖庙，庙前有碑。"[12]（449）汝水与洪河会合后经淮滨县东境东南入淮河，郦道元所说的期思县正是今天的淮滨县。

其三，考古工作者在淮滨县曾发现过期思故城遗址。期思故城，位于白露河和淮河汇流处的中间偏南地带，距县城东南30里。"故城位于今淮滨县期思乡政府所在地。遗址平面呈长方形，东西长1700米，南北宽500米，面积85万平方米。城墙残址高2~3米，基宽32米左右。古城北面台地与城内的地面平，已无墙址痕迹，其他三面墙址断续可见。其南200米处，出土铜块、炉渣等，似铜作坊遗址。这是我国目前保存较完整的诸侯国都城垣之一。1986年列为省级重点文物保护单位。”[13]（790）李绍曾的《期思古城遗址调查》对古城址也有详细的记载。[14]

综上所述，蒋国始封之地在今河南省淮滨县境，故城在距今天淮滨县城东南30里的期思镇。从始封到灭亡一直在此地，并不存在迁徙的问题。

注 释：

[1] 童书业 . 春秋左传研究 [M]. 上海 ：上海人民出版社，1980
[2] 齐思和 . 中国史探研 [M]. 北京 ：中华书局，1981
[3] 杨文山 . 西周青铜器“邢侯簋”通释 [J]. 邢台师范高专学报，2002，（1）：23–28
[4] 李学勤，唐云明 . 元氏铜器与西周邢国 [J]. 考古，1979，（1）：56–59
[5] 杜预 . 春秋经传集解 [M]. 上海 ：上海古籍出版社，1988
[6] 杨伯峻 . 春秋左传注 [M]. 北京 ：中华书局，1981
[7] 何光岳 . 蒋国考——兼谈蒋菰的栽培和利用 [J]. 史学月刊，1987，（3）：98–105
[8] 徐少华 . 周代南土历史地理与文化 [M]. 武汉 ：武汉大学出版社，1994
[9] 班固撰，颜师古注 . 汉书 [M]. 北京 ：中华书局，1985
[10] 马世之 . 中原古国历史与文化 [M]. 郑州 ：大象出版社，1998
[11] 顾祖禹 . 读史方舆纪要 [M]. 北京 ：中华书局，2005
[12] 郦道元 . 水经注 [M]. 长沙 ：岳麓书社，1995
[13] 信阳地方史志编纂委员会 . 信阳地区志 [M]. 北京 ：三联出版社，1992
[14] 李绍曾 . 期思古城遗址调查 [J]. 中原文物，1983，（特刊）：112–118

源远流长

——中华台湾蒋姓宗亲沿流向上追寻祖根

蒋家兴*

蒋氏的祖根

蒋氏源于姬姓，出自周公姬旦的第三个儿子伯龄之后，以国名命氏。据《左传》、《唐书·宰相世系表》等所载，西周初期，周公姬旦的第三个儿子叫伯龄，被封在蒋，建立蒋国，是周朝的一个小国。后来蒋国被楚国所灭，伯龄的后代子孙就以原国名命姓，称蒋姓。《元和姓纂》、唐朝蒋洌的《蒋氏大宗碑记》、北宋苏轼撰的《勅修蒋氏宗谱序》皆曰期思是蒋国的所在地。蒋中正为《武岭蒋氏宗谱》（此谱是近代中国诸家谱中考证最完备者之一）手书先系考序曰："左氏传云：凡、蒋、邢、茅、胙、祭，周公之胤。我蒋氏出于周公，信而有征。……乃复进而探索我世居与迁徙之迹，其有史籍可证者，周初始封蒋国，后为楚期思邑；刘宋改称乐安，赵宋为光州仙居县，即今河南固始县境，汉时蒋氏子孙迁居杜陵，迨元卿公四世孙亭乡侯少明公始迁阳羡，八传至晋吴郡太守伯机公转迁台州，又二十传乃迁明州，其大较如此。"[1]

依据上述史书所记，蒋姓祖根在今河南省淮滨是确定无疑的。

---

* 蒋家兴，台湾鹿港人，曾经在台湾淡江大学任教。

台湾的蒋氏族人早期由福建移民到台湾

蒋姓族人迁台最早的是明永历十五年（公元1661年）的事。1661年正月郑成功在金门誓师，他亲率将士25000名、战船数百艘，自金门料罗湾出发，次月抵澎湖，四月初二日（4月30日）抵鹿耳门，并利用涨潮出其不意地在鹿耳门及禾寮港登陆。以优势兵力包围荷军防守薄弱的Provintia，亦称摄政城红毛楼，并切断荷军水陆交通，不久，荷兰献城投降[2]。

当时，在郑氏军队中任副总兵的蒋毅庵（死后葬于彰化市的八卦山麓）和一位郑成功军队中的蒋姓部属，定居台湾垦港东西势庄。追随郑成功的蒋姓族人已被认为蒋姓迁徙台湾的始祖。另据史籍记载，台湾的蒋氏，主要来自福建的泉州。从《福建通史》[3]可知，泉州的蒋氏的始祖，是南宋的大学者蒋邕，他是仙游人，在南宋绍兴年间，到泉州教书，后来就定居下来，成为蒋氏在闽南的开山祖。由此推断，台湾蒋氏的祖先，应该也是来自中原的蒋邕。

福建省姓氏源流研究会蒋氏委员会蒋利人的《闽台蒋姓的根与缘》[4]一文，对于早期台湾蒋氏族人的祖籍与分布有详细记述，诸如：《福建通史》记载，台湾的蒋氏主要来自福建泉州，而泉州的蒋氏始祖是南宋的大学士蒋邕（雍）。《福全蒋氏宗谱》[5]记载，泉州地区晋江市金井镇福全村有九世祖蒋学文迁居台湾，还有15世蒋彩应家庭迁徙台湾彰化县，泉州福全蒋明俊随先祖迁徙台湾桃园。据厦门翔安澳头《蒋氏族谱》载，厦门翔安（原同安）澳头村蒋孟育，迁徙金门西山前社。在1958年“8・23”炮战后，有蒋氏族人迁入台湾居嘉义、高雄等地。另据《同安县志》载，澳头迁台始祖有二人，即蒋士魏迁台北淡水，蒋本大居高雄。莆仙始祖渊公、陆公后裔，后来不少人迁徙台湾，所以与台湾蒋氏乃连理之枝。据漳州华安县《蒋氏宗谱》载，有蒋宗清（紫林）任华安首任长官（代县长），1931年调省城任职后带其子女等定居台湾。另据《闽连族谱》载，也有长汀蒋坊、蒋道训在台湾任官，长汀蒋承龙、蒋承为家人均居台北，蒋美兰、蒋美瞰等居淡水。据长乐屿头《蒋氏族谱》载，民国初期海军总司令蒋拯上将后裔蒋铭、蒋秀莹、蒋秀光等居台北，蒋亨灏带部分子女和蒋氏宗亲由上海迁台北，蒋开慧、蒋心德也居台北，连江蒋书告、蒋启弼等一家也住台北，他们都是屿头吉公子孙，48世祖稔公子后裔。在台湾的蒋姓还有从浙江迁去的蒋中正家族和其他蒋氏族人和江苏沭阳跟随蒋介石赴台的蒋志勇家族。在不同时期，赴台仕宦，经商、开发立基创业，千百年来传宗接代，塑成了今日宝岛之繁荣。以上足以证明闽台蒋氏不仅同根共祖，而且有着一脉亲情。

唐山过台湾，明清时期的民族迁徙

台湾早期的移民，除了原少数民族外，都是从“唐山”渡海而来；“唐山”主要是指大陆的闽（福建）、粤（广东）两地。台湾汉族移民主要来自福建和广东两省，其中尤以福建为多。明清时期，特别是有清一代大规模的闽粤移民将汉文化带到了台湾地区。

明朝时期大陆移民来台湾的闽南人涵盖闽南化的平埔族群与近四百年来由中国东南沿海的福建渡海来台之移民的后代。昔时移民主要分成漳州人和泉州人两大支，属汉族。漳州移民主要居住在中部平原地带、北部沿海地区及兰阳平原，漳州腔被称为内埔腔；泉州移民主要居住在中部沿海地区、台北盆地，故有“泉州人居住在海滨，漳州人居住在内陆平原”的说法，仅在台湾中部地区符合此一分布。在移民初期，泉州、漳州之间时有泉漳械斗，今皆自称为“闽南人”，不再区分泉、漳。[6]

根据国史馆台湾文献馆资料，台湾人的祖籍，主要是来自清朝时期福建省的泉州、漳州、汀州、兴化、龙岩、永春、福州等州府，以及广东省的潮州、嘉应、惠州等州府。

1949 民族大迁徙

第二次世界大战结束，日本战败投降。1945年台湾光复，国民政府接收台湾，使台湾自清朝割让予大日本帝国后又回归中国。

1949年国共内战失利的中华民国政府迁徙台湾，众多人随同移居台湾，因此，导致了中国近代最大规模的大迁徙。那一年在台湾海峡上，有大批国府官员、军队、民众开始了他们从大陆到台湾的大迁徙，前后迁徙总人数达到200万。[7]

1949年的大迁徙让台湾成为一个真正的民族大熔炉，台湾包涵了大陆各省份来台的新移民。蒋姓族人来台湾的人数不少，分居台湾各地，但无有统计数字。台北成立有“蒋姓宗亲会”，会员约近百人。宗亲会是由蒋炳岩、蒋孝严等人发起成立；蒋孝严曾经担任“立法院”委员，他是中国国民党原主席蒋经国先生的子嗣。

现在让我们沿流向上溯源，追寻福建以及江南等地蒋氏的祖根。福建蒋姓先祖是由中原河南、四川、江苏、浙江、安徽、江西等地迁徙入闽。蒋氏先祖因仕宦奉旨入闽后，子孙留下定居或因避战乱或避灾而大规模南迁，逐渐移居到福建，千百年来在福建传宗接代，成支成宗，根深叶茂，繁衍生息。

据《福建蒋氏通谱》[5]记载，唐代陈政、陈元光父子奉旨入闽平乱，先后有光州64姓和44姓子弟兵随从，其后在漳州、龙岩等地屯田开发而定居，这些子弟兵中就有蒋氏伯龄公的后裔。经初步查明，历来入闽蒋氏之中约有九支发展成大族衍派，按入闽先后分别为：汉代入闽的德义衍派，唐代入闽的子慎衍派、高公衍派，北宋入闽的莆仙衍派，南宋入闽的屿头衍派、连城衍派，明代入闽的福全衍派、绍公衍派。到宋代，蒋姓已由河南发展到陕西、山东、山西、安徽、江苏、浙江、江西、湖北、湖南、贵州、四川、福建、广东等地。明清时，蒋氏已遍居全国各地。

更早，西晋南迁时，北方的蒋姓也大量南迁，定居在江、浙一带，到唐代，逐渐发展成为东南大族。再往前溯源，先秦时期，蒋氏主要是在今河南境内发展繁衍。自楚灭蒋后，蒋氏除部分仍留居河南外，大部分外迁。其中，有一支首先于汉时已迁居陕西省境内，又一支于东汉迁往山东东莱郡。另一支于南朝宋时迁往义阳羡县（今属江苏）。西汉哀帝时，又杜陵人（今陕西长安县东南）蒋翊被封为兖州（今属山东）刺史，其子孙东汉初渡江散居江南各地，其中一支徙居阳羡（今江苏宜兴），一支徙居毗陵（今江苏常州）之滆湖，一支迁至今浙江奉化之三岭。明朝大学士文定公《蒋氏郡望辨》中称："蒋氏郡望有三：曰汝南，曰安乐，曰晋陵"[8]。蒋氏入闽后，两千多年来儿孙繁衍发展，至今枝叶满布八闽大地，衍分诸多省份及港澳台，远播世界几十个国家和地区，可谓枝繁叶茂，源远而流长。

我的祖先我的根，蒋氏的祖根在河南淮滨

上面从历史长河的时间流动以及地理世居地方的移动，来追寻闽台蒋姓宗亲的祖根，依据史书和宗谱记载和以上简明的论述，可得知蒋氏的祖根在中原河南淮滨期思。

下面简要从语言和习俗风尚的文化面向，沿流向上溯源，追寻闽南及江南民族和中原的源流关联，以及蒋氏的根源。

欧潭生在《三探台闽豫祖根渊源》[9]文中指出：闽台方言，又称"河洛话"。据黄典成教授研究，闽台河洛话的语音系统，保留

着河洛故国之音。《切韵》所反映的中原河洛古音从某种程度上说就像语言“活化石”，被保留在河南固始和闽台方言之中。欧文举出一些特殊读音的字及日常用语为例，固始方言和普通话有明显差异，却与闽台方言颇为接近，甚至完全相同，而其他地区的方言没有这种特殊读音；例如：天光（天亮）、日头（太阳）、早起（清晨）……另外，黄敬安专门从《诗经》、《礼记》、《左传》等先秦典籍中找出了与闽、台方言音、义相同或相近例子，分类列为131个条目，著成《闽南方音证经举例》一书，有力地证明了台湾方言“言多周秦之语，声含中原之音”，是大陆语言的一个重要组成部分。这种保留在民间的语言“化石”，印证了台湾、福建和河南之间的祖根渊源关系。

人类语言是会随着时间和迁徙因同化，或融合，或因推行共同普通话（如国语）而改变，有的式微，有的方言甚至会消失，中外历史上都有此情形。我自己的祖先在三百年前从福建泉州府移居台湾鹿港，我们属福全衍派翔安（今厦门）宗支；现今鹿港人的讲话腔调仍然保持泉州腔，和若干特殊的中原词句。我们家人一般讲话，以国语为主，我用闽南语同父母长辈交谈；内人出生在上海，生长在台湾，会听闽南语，但是不大会讲；儿子小时候和祖母讲话，只会很少几句闽南话问候语，例如说：阿嬷，早安；阿嬷，您好，吃过饭吗。许多台湾的闽南或客家家庭也有同样的情形。可见中原古用语的保存多么不易，前述历经二三千年闽台保留着一些河洛故国之音，真正难得而神奇，弥足珍贵。

民俗文化不仅是华夏民族文化的重要组成部分，而且是一个民族或民系区别于其他民族、民系的基本标志。徐光春在《河洛文化与台湾》[10]一文中考证闽、台民间习俗源自河洛古风；他指出，随着河洛人在闽、台的移民扩散，河洛文化的婚俗、丧俗、节庆等民俗也逐渐移入台湾。台湾高绪观先生在《台湾人的根——八闽全鉴》一文中说："台湾人文礼俗源于中土，相袭八闽，举凡信神拜佛，敬天祭祀，婚丧喜庆，衣冠礼乐，四时年节，以及习俗人情，皆是祖宗流传下来的"。

福建省东山县博物馆民俗研究专家孙英龙曾经在春节时访问过台湾[11]，他说，民间年画深受台湾同胞喜爱，是郑成功收复台湾时随大批闽南人移居台湾而传入台湾的。五彩缤纷的年画是中国传统绘画艺术之一，历史悠久。台湾年画主要是采用大陆传统年画如《福禄寿三星图》、《天官赐福》、《八仙过海》、《观音菩萨》等。这说明了台湾年画和大陆年画一脉相承。他访台时曾看到的许多台湾民历，洋溢浓浓的中国传统文化味与家乡情。贴春福、春联，拜神、拜祖先和闽南人过春节的习俗一样，充分说明两岸同根同源。从过年习俗，就可见证海峡两岸本一家。

以上本文从历史长河的时间流动以及地理世居地方的移动，来追寻闽台蒋姓宗亲的祖根，并从语言和习俗风尚的文化面向，沿流向上溯源，追寻闽南及江南民族和中原的源流关联，以及蒋氏的根源。以上两个面向的简明论述，已足印证中华民族源远流长，蒋氏的祖根在河南淮滨。可归结：蒋氏家族源于北，而盛于南，唐朝以后成为比较典型的南方姓氏。早期移民台湾的蒋姓族人的祖根主要是福建的泉州和漳州；而福建的蒋姓祖根则在河南，周初始封蒋国，后为楚期思邑；1949年以后来台的新移民族人，则从大陆各地来台，沿流寻根，各省蒋氏族人的根源最终极所在也是中原河南淮滨期思。

其他可佐证的方面尚多，恐说不好，也说不完，就让历史、语言和人类学者去探讨论说，当更加真确和精彩。

注　释：

[1]　蒋中正为《武岭蒋氏宗谱》手书先系考序，《武岭蒋氏宗谱》，1948。

[2]　郑成功攻台之役。取自：维基百科，自由的百科全书 http：//zh.wikipedia.org/wiki/%E9%84%AD% E6%88%90%E5%8A%9F%E6%94%BB%E5%8F%B0%E4%B9%8B%E5%BD%B9

[3]　《福建通史》，徐晓望主编，福建人民出版社，2006。

[4]　蒋利人，浅析闽台蒋姓的根与缘，取自：闽台姓氏源流网http：//mtxsyl.com/htmls/mtxsyl/2010/7/2641.htm?Nid=2641&tid，2010。

[5]　《福建蒋氏通谱》，《福建蒋氏通谱》编纂委员会编，2011。

[6]　台湾文化，取自：维基百科，自由的百科全书，http：//zh.wikipedia.org/wiki/%E5%8F%B0%E7%81%A3%E6%96%87%E5%8C%96

[7]　1949 民族大迁徙，凤凰大视野 1949 民族大迁徙，2011。

[8]　《蒋氏郡望辨》"蒋氏郡望有三：曰汝南，曰安乐，曰晋陵"。取自：蒋氏古谱序文鉴赏 http：//hi.baidu.com/%BD%AF%D3%D0%CB%B3/blog/item/e90f299349a9fa1f6e068c92.html 2011。

[9]　欧潭生，三探台闽豫祖根渊源，根在信阳，湖北教育出版社，2008，pp.92-108

[10]　徐光春，河洛文化与台湾，取自：徐光春在台湾中国文化大学演讲"河洛文化"http：//big5.chinataiwan.org/local/yaowen/200912/t20091218_1193562.htm，2009。

[11]　罗钦文，过年习俗见证海峡两岸本一家，取自：中国侨网 年 02 月 06 日 http：//big5.chinaqw.cn：89/news/200802/15/106417.shtml，2008。

期思古城漫记

李绍曾*

古城犹说汉期思，土蚀荒阶楚相祠。

乞得寝丘人不夺，千年淠水入荒坡。

这首诗是元代文学家马祖常（河南光州人）为期思城访古之作。大意说，这座古城是汉时的期思县，城内楚相祠前的台阶已被黄土所湮灭，孙叔敖之子封地寝丘的事早已成为历史了，只有那古老的淠水（白鹭河）依然向期思的荒陂（音杯）流去。作者从期思城说到楚相祠，从寝丘说到淠水。又从荒阶说到荒陂，触景生怀，有无限感慨之意。在这首诗外，历史上为期思访古之作，并不乏人，它说明期思古城在过去人们的心目中是有一定影响的。

期思古城距县城东南15公里，位于淮河和白鹭河之间偏南地带，古城北靠期思河（俗曰死河），东南临方家湖，南下白鹭河为十里草湾，正处于东、南、北三面湾地包围的岗地之上。古城平面呈长方形，东西长约1700米，南北长约500米，城址残高1~3米，墙基宽32米左右，除北面靠河台地与城内地面相平，已无城址痕迹外，其余三面城址断断续续，尚可探寻，现在的期思集正坐落在古城内的西北隅。这是一座历经数千年的古城遗址，由于时代的沧桑，早已失去它本来的面目，留下来的只是一些古城废墟和残碑断碣而已。

---

* 李绍曾，河南省淮滨县文广新局。

期思，作为一座历史古城，自然有着许多古老的遗迹和传说。如何看待这些遗迹和传说，这正是我们调查中经常遇到的问题。什么“八角田”、“琉璃井”、“三里庙”、“乌龟冢”、“妖精洞”、“埋蛇岭”等等，如今这些遗迹多被湮没。大部分已失去它的研究价值，这里最流行的要数包公的传说。比如：期思这里是当年包公（包拯）坐过的定远县，还在这里放过粮，赈过灾，并传说古城南的赵窑，是他当年计断乌盆的地方，古城东南的妖怪洞是他当年组织七七四十九个铁匠用铁汁浇灌妖精的地方。这些把包拯神化了的传说，当然不足为信。但包拯为官清正，铁面无私，在朝执法严峻，不畏权贵；在家布衣素食，严格要求子孙，则是见诸记载的。由于后人处于对包拯的爱戴，才给他加以种种神话式的传说，甚至出现一些牵强附会，也并不奇怪。至于包拯坐定远县之说，实属一种讹传。据《宋史·包拯传》记载：他的一生历任地点，自第一任天长县（今安徽天长）起，经历端州（今广东高要）、瀛州（今河北河间）、扬州（今江苏扬州）、庐州（今安徽合肥）、池州（今安徽贵池）、江宁府（今江苏南京），最后至宋都开封止。他早年一度出任京东（今山东东南至河南睢县以东一带）、陕西、河北等地转运史，在京曾任天章阁侍制，龙图阁直学士，最高至枢密副使等职。据开封市博物馆《开封府题名记》碑记，包拯任开封府知府的时间是宋徽宗嘉佑二年（1057）三月，刻文是“龙图阁直学士权知开封府”。当时年已59岁，直到他64岁病卒以前再未出任过外地。只是因石玉坤《三侠五义》中有包拯赴定远之说，属于虚构，才造成了以讹传讹。

其实，期思古城和定远县是毫不相干的。

早在3000年前，期思就是西周初期的蒋国都城，周公旦之子的封地之一。据《左传·僖公二十四年》记载：“凡（今河南辉县）、蒋、邢（今河北邢台）、矛（今山东金乡）、胙（今河南延津）、祭（今郑州东北），周公之胤也”。《史记索引》：“周公元子就封于鲁，次子留相王室，其余食小国者六人：凡、蒋、邢、茅、胙、祭也 。”也进一步说明蒋是周公之子封地之一的诸侯小国。由此看来，除周公元子封于鲁的伯禽外，其次子及食小国者六人，皆未书名。唯嘉靖《固始县志沿革》曰：“周兴……封公子伯龄于蒋。”不知何据？按古人长幼之序 ，称伯、仲、叔、季。或曰伯仲，或曰伯叔，皆以“伯”为长。如早期周太王之子：曰太伯、曰仲雍、曰季历（ 文王之父），这是以伯仲次第称之。作为周礼的创始者周公，长子既曰伯禽，不可能对其他诸子以“伯”名之，所谓伯龄之说，不可信。

至于蒋的地理位置，《左传》杜预注已经指出：“蒋在弋阳县”。《水经注·淮水篇》记载：“淮水又东北，过期思县北，县故蒋国，周公之后。春秋文公十年，楚王田于孟诸（今河南商丘南），以期思公复遂为右司马，楚灭之以为县。”这就说的更具体了。《汉书·地理志》以至明清各代的方志均以此说，并注明期思城在固始县西北70里，即古蒋国。唯《大清一统志》提出“固始县东蒋乡（今蒋集）为古蒋国所在”却与此相反。据实地调察，固始东的蒋集及其附近并无任何古城遗迹。显然《大清一统志》“固始东蒋乡为古蒋国”之说是附和之词。

值得注意的是，《水经注》不仅指出蒋的地理位置，还同时说明了两个问题：（一）蒋的灭亡年代。在此之前， 史传均无记载，而《水经注》提出：“春秋文公十年……以期思公复遂为右司马，楚灭之以为县。”其中前两句来自《左传》，后一句为郦道元引申之注。这个引注不是没有根据的。《左传》中所说“以期思公复遂为右司马”的时间是在文公十年的冬季，说明蒋在这年冬季之前已为楚大夫复遂所灭，而后更名期思，并以其地封之。只是因楚王伐宋（今河南商丘南），才临时任命复遂为右司马的，不然期思公之名由何而来。所以楚灭蒋的时间应为文公十年的同一年，即楚穆王九年（公元前617年），是确定无疑的。现在有人以楚国灭蒋不见于经传，因而怀疑蒋的存在，这不是审慎的态度。（二）相应说明了期思命名的由来。如上所述，复遂灭蒋后更名为期思，并被封为期思公。东汉应劭《风俗道义》也有“楚大夫复遂居期思城，后以期思为氏”之说，这说明期思之名始于楚穆王时的大夫复遂。而嘉靖《固始县志》的编者解释为“期思之义，或取名县者，期致民之思欤”。他是从纪念孙叔敖的角度出发，认为所以取名期思就是以期引起后人的思念之意。殊不知期思之名在孙叔敖之前就已产生了。这种望文推义显然是无视《左传》中“期思公复遂”这段历史事实。

至于期思的沿革，秦汉时仍以期思之名置县，南朝梁天监四年置期思州（嘉靖固始县志·古迹），北魏景明中于期思置边城郡《魏书·地形志》，隋开皇初废郡为县，仍名为期思《隋书·地理志》，唐初期思县废，一直隶属固始，1949年后划给淮滨。由此而知，自秦汉置县起到唐初废县止，除北魏一度为边城郡治外，更无别名，而且自唐以后期思再未恢复过县治。在《宋史·地理志》弋阳郡期思县中，一度更名期思，寻废。那是宋代的事，与此地期思是无关的。至于定远，在安徽东部，与期思更是风马牛不相及了。

在古城遗址范围内，遍布灰色土层，蝇文陶片到处可见。在古城墙西南端发现大量红烧土和汉代筒瓦，因此处地势较高，当地称之为“炮台”，可能为汉代遗迹。在古城外西北隅有一台地，当地称为“北城埂”，经调查为一新石器时代文化遗址，与古城墙并无联系。

近年来，古城内外不断出土有春秋战国时期的铜戈、铜矛、铜剑、铜鼎和铜壶，最近，在古城南郊发现有春秋墓群。第一次发现楚国金币“郢爰”，而发现最多的是楚币蚁鼻钱。这些文化遗物具有典型的楚文化特征，它反映了期思古城在灭蒋入楚之后的历史背景。

为了进一步了解这座古城的相对年代，我们在古城西墙外侧利用一截残壁切一断面，以观察墙内夯土层和其中包含物。当时因阴雨过后，土质粘湿，夯窝不易辨认。只是在南断城墙上部发现有战国时期的夯窝。墙址中下层暴露出的遗物具有明显的商周文化特征。再结合古城内外出土的春秋战国和汉代遗物来看，可以基本肯定这座古城的年代，它的上限到周代，下限到汉代。证明了这座古城的年代和历史记载是完全一致的。

期思作为蒋国故城遗址是可以肯定了，然而，由于史书中对蒋的记载太少，加之目前尚未发现有关蒋的典型文化遗物，所以人们至今对它知之甚微。只是因为它是楚相孙叔敖故里的缘故，才引起后人对期思古城的注意。

关于期思是孙叔敖故里之说，在《荀子·非相篇》、《吕氏春秋·赞能篇》和晋太康三年《地志》中都有明确的记载，这里就不一一列举了。孙叔敖是楚庄王时期的令尹，他在任期间，励精图治，大修水利，造福人民，成为利及当时、功垂后世的一代名相。他生前开创的我国第一个水利灌溉工程——期思陂，就是以他的故里命名的。后人为了纪念他，在他的故里建庙树碑，历代的文人骚客为之咏志抒怀。除前面说过的马祖常外，还有汉代的刘向 、王延寿，北周的庾信，宋代的阮之武、张孜，以至明代的刘昌、王稚登，清代的陈浦等均有题赞和赋诗。最具有纪念意义的是历代有关孙叔敖的碑刻，记载着孙叔敖的大量资料。遗憾的是这些碑刻随着时代的变化，多已损坏。如东汉延熹三年《孙叔敖碑》，宋代欧阳修曾为跋右，董逌也为之作阴跋。可惜这通碑记在清初移至光州后失落，乾隆五十一年的《楚相孙叔敖碑》在民国时期移至固始县城后也已丢失。宋元丰八年《遗爱庙》石额不知毁于何时。明万历七年《重修楚相孙公遗爱庙志碑》几乎毁于“文革”，发现时已是残碑。只有雍正六年《楚相孙公祠 》石额和最近发现的明成化五年《谒楚令尹庙》石刻，算是幸存者了！且不说当年规模宏大的孙叔敖庙早已不复存在了，即使供人凭吊的埋蛇冢和孙叔敖墓，地面上也找不到明显的遗迹了。

蒋

——出自河南淮滨的姓

谢均祥*

在西周初实行的周朝贵族内部层层分封的过程中，周公姬旦的第三个儿子伯龄被封于蒋，建立蒋国。春秋时，蒋国被楚国所灭，子孙以国名为姓氏，就是蒋氏。唐、宋时期的姓氏书对此有基本一致的记载，但对蒋国故城的地理位置注释不够准确，如《新唐书·宰相世系》云："蒋氏出自姬姓。周公第三子伯龄封于蒋，其地光州仙居县是也，宋改为乐安，蒋为强国所灭，子孙因以为氏。"按：乐安县为南朝宋元嘉二十五年（448年）置，治所在今河南光山县西，唐天宝元年（742年）改名仙居县，南朝建炎初废，并非蒋的地望。其实，西晋初学者杜预注解《左传》中已说"蒋在弋阳期思县"。经当代考古工作者验证，杜预的说法是正确的。期思县治所即今蒋国后所置，属汝南郡，魏、晋改属弋阳郡。因此，蒋姓祖根在今河南淮滨。

先秦时期，蒋氏主要是在今河南境内发展繁衍，后由于战乱、自然灾害、官职调迁等原因，有不少人离开故土，去开辟新的天地。西汉有蒋诩，杜陵（今陕西西安东南）人，哀帝时为兖州刺史，以廉直著称，后因王莽摄政，借病归隐乡里，卧不出户，其子孙于东汉初渡江，散处江南各地，其中一支徙居阳羡（今江苏宜

* 谢均祥，河南省地方史志办公室。

兴），一支徙居毗陵（今江苏常州）之滆湖，一支迁至今浙江奉化之三岭。据《蒋氏宗谱》载，东汉建武年间，蒋横佐光武帝刘秀讨赤眉有功，升为大将军，封浚道侯，后遭谗害，其九个儿子避难四方，待帝省悟后，九子皆随地封侯，分别是：公华侯颖，会稽侯郑，临江侯川，临湖侯曜，临苏侯浙，浦亭侯巡，九江侯稔，云阳侯默，函亭侯澄。其中，会稽的治所在今浙江绍兴，临江的治所在今四川忠县，临湖的治所在今安徽无为县西南，九江的治所在今安徽定远县西北，云阳的治所在今陕西淳化县西北。函亭侯蒋澄居于义兴（今江苏宜兴），子孙繁盛，人丁兴旺，所以东汉以后的江南蒋氏多出自宜兴。此外，东汉时的蒋晋为泉陵（今湖南零陵）人，蒋子文为广陵（今江苏扬州）人；三国时的蒋钦为寿春（今安徽寿县）人，蒋济为平阿（今安徽怀远县西南）人，蒋纂为沛（今江苏沛县）人；北魏的蒋少游为博昌（今山东博兴县东南）人，北周的蒋昇为平河（今山西临汾市西南）人。于此可见，蒋氏在南北朝时期已比较广泛地分布于大江南北的许多地方。唐初，陈政、陈元光父子入闽开辟漳州，有河南蒋姓将佐随从前往，后在福建安家落户。五代十国时，前蜀有蒋贻恭，原为江苏苏州人，后流落入蜀。宋代，蒋氏已有移居今广东者，如南宋理宗时进士蒋科为电白（今广东高州县东北）人。元末，永嘉（今浙江温州）人蒋允汶避乱移居闽中。明代曾任泉州府同知的蒋濬为南海（今广东广州）人。这说明在元、明时期，福建、广东的蒋氏已发展成为大族。《姓氏考略》称，蒋氏“望出乐安”。

蒋姓移居台湾最早者，是清朝康熙年间郑氏治理台湾时在军队任副总的蒋毅庵及其一位蒋姓部属。此后，又有福建泉州等地的蒋氏陆续入台开垦。目前，蒋姓在台湾姓氏中排名第66位。

为了进一步求发展，自近代以来，有不少蒋姓人走出国门，远徙海外，开拓新的事业，现主要分布于东南亚及欧美一些国家。

三国时蜀汉政治家蒋琬，零陵（今属湖南）人，被诸葛亮称为“社稷之器”，亮死后，代亮执政，为大将军、录尚书事。北魏有博昌人蒋少游，工书画、雕刻。唐代有文学家蒋防，还有在唐宣宗、唐懿宗两朝任宰相的蒋伸。北宋有书法家蒋璨。南宋有词人蒋捷，度宗咸淳十年（1274年）进士，宋亡后隐居不仕，有《竹山词》。刘熙载《艺概》称其为“长短句之长城”。明代有福建农民起义首领蒋福成。清代有文华殿大学士蒋廷锡，奉命重新编校《古今图书集成》，成书一万卷，同时工诗，善画花卉；还有戏曲作家、文学家蒋士铨，篆刻家蒋仁，文学家蒋敦复，词人蒋春霖。近现代有蒋介石。还有：蒋光鼐，曾任中华人民共和国纺织工业部部长，中国国民党革命委员会中央常务委员；蒋翊武，近代民主革命者；蒋光赤，现代小说家。于此可见，蒋姓在历史上不乏名人。港澳同胞蒋震，拥有财富约2.1亿美元，被列入“世界华人亿万富豪榜”。

蒋姓在当今按人数多少排次序的中国姓氏中为第43大姓，约占全国汉族人口的0.47%，分布很广，以四川、江苏、湖南、浙江较多，这四省蒋姓约占全国蒋姓人口的60%。蒋姓不仅是汉族大姓，而且也是一些少数民族所使用的姓氏。例如：世居沈阳的清满洲人有蒋姓；清代满洲八旗蒋佳氏，后改为蒋氏；清代云南顺宁府右甸（昌宁县）守御所土千户为蒋氏，系布朗族；满、苗、瑶、傣、回、壮、羌、土家、蒙古等民族及苦聪人中均有蒋姓。

蒋城蒋国蒋姓

林 长*

蒋城，就是西周初年蒋国的都城，它位于今天淮滨县城东南15公里的期思镇，是河南省人民政府于1986年公布的省级文物保护单位。

蒋国古城平面呈长方形，南北长500余米，东西长1700余米，墙基宽32米，城址残高约1~3米，最高处约8米。除北面靠期思河台地与城内地平基本相平已无城墙痕迹外，其余三面的古城墙遗址仍断断续续清晰可见，如今的期思镇坐落在古城西北隅。今天的期思镇不仅是3000年前西周蒋国的都城，也是楚相孙叔敖的故乡。期思镇政府院内仍保留着孙叔敖庙地遗址和明代的“重修孙公祠”残碑，在镇政府西侧不远就是孙叔敖墓地。

期思的历史是非常久远的，在文物保护调查中，我们通过对期思蒋国故城城墙剖面的调查分析，发现城墙底部分布有商代时期的文化包含物，这些包含物证实期思的古城墙就是建于西周时期。在蒋国故城内出土了大量春秋战国的青铜器，汉唐遗物俯拾即是。期思从公元前11世纪的蒋氏封国到唐初期思县地并入固始，在1600多年的漫长历史时期内，始终作为区域的政治、经济、文化中心，在蒋国故城的东南形成了一个大面积的古墓葬区。这些墓葬从商周延至汉晋，规模宏伟封土高大，其中蒋国贵族墓葬占有一定的比例。

---

* 林 长，河南省淮滨县委。

据宜兴、睢阳、武岭等蒋氏家谱记载，蒋国始封之君，周公姬旦三子伯龄薨后就葬在封都万寿陵。因此，期思蒋国故城成为全球蒋姓华人朝思暮想的祭拜圣地。

期思的蒋城不但有着厚重的历史，而且还位于河南省“淮南草甸湿地自然保护区”的核心位置。兔子湖、方家湖、祁湖、月牙湖罗布四周，淮河、白露河、期思河环绕古城，自然环境优美。

蒋国是西周初年周王朝分封的同姓诸侯国。据《荀子·儒敏》说，西周初期分封了71国，姬姓宗国共封了53个，占全部封国的七分之五。其中蒋国就封在今淮滨县东南的期思镇，它与随、唐、蔡、项、沈、鲁等形成了防卫淮夷反叛的军事防线，这就是西周历史上有名的“成周封建”，“封建亲戚以藩屏周”。也就是《左传》所说的“汉阳诸姬”。

关于蒋国的封建，《左传》记载：“凡蒋、邢、茅、胙，祭周公之胤也。”杜预注：“蒋在弋阳期思县，六国皆周公之支子，别封为国，共祖周公。”《汉书·地理志》期思县下颜师古注“故蒋国”。《水经注·淮水》载：“（淮水）又东北，过期思县北，县故蒋国，周公之后。”《续汉书·郡国志》载：“汝南郡期思有蒋乡，古蒋国。”除史书之外地方志和蒋氏族谱对古蒋国的情况也有明确记载，如清乾隆《光州志》载：“期思城在（固始）县西北七十里，楚之下邑，周初为蒋国。”《睢阳蒋氏家谱》载：“按吾蒋姬姓也，周公第三子封蒋侯，……国在汝南期思，期思今为聚名，古蒋春秋名期思，又名寝丘，孙叔敖埋蛇处也，在今固始县西北七十里。”蒋介石在《武岭蒋氏家谱》序中写道：“其有史可证者，周初始封蒋国，后为期思邑，……即今河南固始县境（期思镇今属淮滨县）。”根据有关史料和众多蒋氏宗谱的记载，蒋国从公元前11世纪的成王分封，到蒋的23代孙姬简做蒋国国君时，为楚穆王所灭（公元前617年始见《左传》有期思公复遂的记载）。楚灭蒋后于蒋国故地建立期思邑，辖今淮滨、固始、商城及霍邱、寿县部分地区，并封复遂为期思邑第一任县公。秦朝期思属九江郡，西汉置期思县属汝南郡，东汉因之。到了南北朝期间，南朝梁在期思的张庄置安宁县，到了陈又在期思置边城郡，北魏仍置边城郡。到了隋朝，废边城郡为期思县属弋阳郡。唐朝初年，期思县废入固始降为集镇。新中国成立后建立淮滨县，期思划归淮滨县管辖。历史上的期思古城作为蒋国的国都近400年时间，从公元前617年的期思邑到公元618年唐王朝成立之时计算，期思古城又作为各朝代的县邑郡治长达1235年。悠久的历史为期思积淀了厚重的文化。

蒋姓以氏为姓，也是以国为姓。蒋姓是我国历史较为悠久的姓氏之一，约占当代中国总人口的0.48%，就全国来说，蒋姓总人口有600多万。一些蒋氏宗谱都认为“蒋氏郡望有三：曰汝南、曰乐安、曰晋陵”。《汉书·郡国志》说：“汝南期思有蒋乡，故蒋国，蒋姓之得姓始，此凡氏蒋者，皆当以为望也。”所以蒋姓以汝南郡为望。蒋姓在汉晋以前多居于汝南郡和山东、山西一带，汉晋以后在江南各地迁徙发展。从蒋姓宗谱的记载来看，蒋姓的繁衍迁徙大致是：汉代杜陵蒋姓中有蒋球，字明瑾，是姬簡的第10代孙，伯龄第33代孙，隐居于芒砀山下，成为当时社会名人。其后又有伯龄42代孙蒋满举孝廉官至淮南相、上党太尉、豫州刺史等职，他的儿子蒋万为弘农郡太守。蒋万生蒋诩，任西汉兖州刺史。蒋诩生二子均为太守，孙蒋晃，拜司徒，蒋晃之子蒋横东汉时官至大将军、太尉、封九江侯、逡遒侯，后来遭谗被害，九个儿子被迫逃往江南。皇帝醒悟后，便就地封蒋横的九个儿子为侯，这就是蒋姓族史中的“九子封侯”。他好像一棵大树，九子有如九条根扎向各地，使蒋氏子孙繁衍发展于江浙乃至全国大部分地区。

蒋姓在历史上名人辈出，除西汉蒋诩、东汉蒋横九子封侯外，三国时蜀汉有蒋琬，任蜀相，被诸葛亮称为“社稷之器”。北朝北魏有艺术家蒋少游累官前将军、将作大匠。唐代有蒋伸官至宰相，有传奇小说家蒋防。北宋有诗人蒋璨，南宋有词人蒋捷。明有农民起义军领袖蒋福成、画家蒋子成。清有戏曲家文学家蒋士铨。到近现代蒋氏名人登峰造极，民国有军事家蒋百里、蒋光鼐，有现代小说家蒋光慈，现代著名女作家蒋冰之就是丁玲、现代诗人蒋海澄就是艾青。当代有全国劳模蒋筑英、著名作家蒋子龙。尤其是蒋介石、蒋经国父子二人，成为影响中国社会历史发展进程的重要人物。

近年来，全国各地蒋氏族人纷纷来淮滨期思寻根，他们流连古城，拜祭先祖，受到了淮滨县期思镇的热情接待，寻根之旅充满了温暖。淮滨县委、县政府把蒋氏根亲文化资源的研究发掘和蒋国故城遗址的保护工作提上重要议事日程，由县委统战部牵头成立了“中华蒋氏祖根文化研究会”，开展对蒋氏文化的研究。2008年5月、2009年4月，江苏、浙江、重庆、四川、福建、云南、江西、安徽、湖南、湖北、河南、广西、黑龙江等十二省市的蒋氏宗亲代表在淮滨召开了两届“中华蒋氏淮滨寻根恳亲大会”，代表们不仅拜祭了先祖，还就蒋国历史、蒋姓源流、蒋姓迁徙、蒋国文化遗产保护等学术专题展开了深入的探讨和交流。期望编修《中国蒋氏家族总谱》，并努力创造条件在祖根地修建中华蒋氏总祠。淮滨县委、县政府对蒋氏文化的发掘研究工作十分支持，拨出专款用于蒋氏文化研究和蒋城万寿陵古墓葬区道路、祭拜广场及有关设施的建设。县文物主管部门正积极申报期思蒋国故城遗址为国家级文物保护单位，还聘请有关专家对期思古城进行园林式规划，设计了蒋城公园、蒋氏宗祠、蒋氏陵园，方家湖湿地度假村等发展建设项目。由于县委、县政府的支持，淮滨在蒋氏文化研究方面取得了较好的成果，先后在《大河报》、《信阳日报》、《协商论坛》、《寻根》、《历史文化研究》等报刊上发表研究文章多篇，积极参加安徽、浙江、四川、河北、湖北等省的蒋氏文化研究交流，产生了很大影响，得到了全国各地蒋氏文化研究团体的广泛响应和支持。古蒋国的神秘面纱在淮滨蒋氏文化研究者和全国蒋氏宗亲团体的共同努力之下，已被轻轻揭开，尘封的历史圣殿正敞开自己神圣的大门，欢迎它的朝拜者的到来。

古蒋国地望尉氏说辨疑

尤新峰*

蒋国是西周王朝分封的同姓诸侯国，由于历史上对其活动发展情况记载很少，关于蒋国的分封时间和初封地众说纷纭，不能统一，其主要说法分为四种：一是固始蒋集说；二是仙居说（即今天光山县西）；三是河南尉氏说；四是期思说（今淮滨县东南）。近来与全国各地蒋氏宗支的文化研究人员有了接触，在翻阅历史资料的同时有幸拜读了《武岭蒋氏家谱》，《江西丰都蒋氏家谱》，《亓亭蒋氏族谱》等有关蒋国、蒋姓的族史材料，最终认定西周蒋国的初封地就在今淮滨县期思城。固始蒋集说见于记载时代较晚，也有资料证实蒋集是蒋国灭后的聚落。仙居说是因为南宋之初，仙居曾随光山一块改称过期思县，后人有误认为仙居就是期思有情可原。但河南尉氏说影响较前两说要大，自《太平环宇记》提出以来，清代的不少方志书都追随其说。为此，我对蒋国封地尉氏说的形成和可信度谈一谈自己的看法，供专家学者批评参考。

蒋国封地尉氏说，最早见于北宋初年的《太平环宇记》，这是一部地理方志书，是记述宋代疆域版图的一部重要著作。乐史在卷1开封府尉氏县条说："蒋城在县西五十里，其城以西半属新郑县里。《左传》僖公二十四年凡、蒋、邢、茅、胙、祭周公之胤也。"但是在同书卷127光州固始县"期思城"又引用了《续汉

* 尤新峰，河南省淮滨县文广新局。

书·郡国志》和《左传》杜预注关于古蒋国在期思的记载。这样一来，《太平环宇记》就形成了古蒋国既在期思又在尉氏的矛盾说法。到南宋，罗泌在《路史·国名纪》中沿袭了《太平环宇记》的说法。清代的方志书如《方舆纪要》、《春秋地名考略》、《春秋地理考实》、《春秋大事表》等都沿袭《太平环宇记》，采取两说并存，而《大清一统志》则干脆把古蒋国的位置定在尉氏县西的蒋城，简单地否定了期思说。蒋国封地在期思的记载见于《左传》、《汉书》、《续汉书》、《水经注》等著名史书之中，应劭、杜预、颜师古等注者都是中国历史上著名学者。应劭是东汉著作家，著有《汉官仪》、《汉书集解音义》等，是汉史专家。杜预是西晋著名学者，著有《春秋左氏经传集解》，为后世通行的《左传》注本，是著名的《左传》研究专家。郦道元是北朝北魏地理学家，著有《水经注》四十卷、《本志》十三卷行于世。颜师古是唐朝著名的训诂学家，著有《汉书注》。他们在历史上不仅名气大，而且时代远，和宋之后，特别是清代学者相比，所占有的古代资料更多，所以可信度更高。这就是乐史和罗泌采取两说并存，不轻易否定期思说的原因。他们在不明白的时候，采取存疑，两说并载，是实事求是的治学态度。《大清一统志》作者江永则轻易否定史书记载，认为蒋在尉氏，不知有何证据。

由于《太平环宇记》的缘故，清代以来，在古蒋国地望问题上造成了认识上的混乱，今天仍然有人相信尉氏是古蒋国的封地。蒋国是西周时期一个小诸侯国，尽管《路史》说它先伯后侯，但它不可能同时拥有尉氏蒋城和期思城两个都邑，况两地远在数百里之遥，隔淮、汝之水。为了解决这个矛盾，有学者采取折中的办法，说蒋国西周初封在尉氏的蒋城，到西周晚期才迁到期思。《周代南土历史地理与文化》一书中就持这样的观点。该书通过对西周形势的分析，提出三个理由，作为自己观点的支持。

理由一：“尉氏之说虽是宋初才见于史载，但亦不可简单予以否定。结合西周时期的形势以及大量铭文材料分析，我们认为，从成王始封至西周晚期以前，蒋国不可能远在淮南，而应在尉氏以西的蒋城”。我认为这只是推测。分析中所列举的铭文资料，都是西周王朝征伐淮夷的资料，并没有蒋国始封在尉氏的直接或间接的有关信息。

理由二：“西周宣王以前，淮河上游以南和淮河中下游地区主要是嬴、偃集团为主的淮夷集中分布地，那里周文化影响有限、战乱频仍，根本没有蒋国的立足之地。”我认为，这条理由也不能成立，鲁国也是姬姓，它就封在淮夷的核心地区泗水流域。通过《尚书·费誓》我们可以看到鲁与徐戎、淮夷之间的关系。鲁侯采取镇压和怀柔的两面政策，一边喊杀，一边不准士兵抢百姓的牛马。越是在周文化影响薄弱的地方，就越需要封建周的宗亲来扩大影响、监视异族的动向。

理由三：“再从与蒋国同时受封的其他‘周公之胤’五国的分布地域来看，凡在今河南辉县西南，邢在温县东，胙在汲县东南，祭在郑州西北，茅在今山东金乡县西北。五国都在东都以东的黄河两岸要地，以控制殷商遗民，拱卫东都王室。若蒋独在淮南，与其他五国相去甚远，那就起不了分封的战略作用了。”我认为，关于战略作用的问题，应该在更高的层面去看，周公平定东部淮夷和殷商旧族的叛乱后，考虑的不仅仅是监督殷商旧族的问题，而是教化淮夷，扩大和稳固周王朝在东土的统治，我们从西周早期“封建亲戚、以藩屏周”的情况中可以感觉到这个战略意图。周在淮水下游淮夷势力最大的泗水流域封建了鲁、曹、茅国，在淮河以北的汝、颍流域封建了蔡、沈、项、顿等国，在淮河上游封建了蒋、息在南阳盆地及北侧封建了随、唐、应等国。这样一来，从汉江以北沿淮河上游至汝、颖、泗水有一条由姬姓宗族组成的封国作为阻挡淮夷的防线。从而扩大了周文化影响，在抑制淮夷的发展上起到了巨大作用。

纵观西周初年的政治形势，周武王推翻殷纣王建立周朝后不久病死，成王继位。成王年幼，周公辅政。当时周武王灭商后，继续封商纣王的儿子武庚为殷君，派管叔、蔡叔、霍叔在殷地为相，监督殷朝旧族的活动。这就是西周初期历史上的“三监”。但三人都对周公旦辅政不服气，特别是管叔，散布流言，诬蔑周公，谋杀成王，企图窃夺王位。于是武庚就勾结他们，鼓动淮夷邦国反叛周王朝。周公率军二次东征，经三年苦战，平定了武庚和“三监”之乱，攻灭东方十七国。鉴于殷商之族源于东夷，为阻断殷商贵族与淮夷的联系，从根本上加强西周王朝对东土的统治，周公在洛水营造东都洛邑，迁武庚旧族和管、蔡、奄等旧臣到洛邑，强迫他们劳动改造。为安抚殷民，又封纣王庶兄微子于宋。杀管叔、放逐蔡叔。通过考察，觉得蔡叔的儿子有贤德，就封蔡仲于今上蔡新蔡一带地，以御淮夷。并继续分封诸侯，建立起防止夷人叛乱，巩固周朝的邦国据点，这就是历史上有名的“成周封建”，即“封建亲戚，以藩屏周”。正是有这次封建，才有了封在期思的古蒋国。南阳盆地以北至淮河上游一带就是成周封建的“汉阳诸姬”。《左传》说：“汉阳诸姬，楚实尽之。”蒋氏诸谱都说：“封我祖为汉阳蒋国公。”因此，我认为期思的古蒋国就是周王朝在西周初期封建的“汉阳诸姬”之一。西周历史上淮夷不断与周王朝发生摩擦，殷商集团原本是生发于东方的族群，在周文化完成与淮夷文化融合之前，由于族群文化之间的差异，加之统治者自身的问题，这种冲突是历史的必然。《宗周钟铭》记载，到了周昭王时，南夷、淮夷二十六邦反周，周昭王征伐，众夷又服。昭王南巡，二十六邦首领来迎，周昭王无可奈何，只得作罢，未“大罪殛之”，也就是不好意思再惩罚这些小国，所以也就没有关于灭夷而封国的记载。到了春秋，淮夷邦国都不断被楚、齐、吴、越等强国所吞并，周与淮夷矛盾随之消失。

最后，关于蒋国的地望在书中下结论说：“蒋国从今尉氏县西之蒋城迁至淮南固始县东北一带，当在西周晚期召公平淮夷之后，为加强对淮夷诸国的管理和控制，进一步稳定淮域局势而采取的新部署，这与封申、吕于南阳盆地以防御荆楚的行动相配合，目的在于沿淮河中上游至南阳盆地建立起一个新的防御体系。”我认为这只是一个推测和假设，这个结论下的太贸然。西周初年的“汉阳诸姬”早已沿南阳盆地至淮河一线建立了防御体系，根本不存在什么防御新体系，如果说封申、吕于南阳盆地，也是对这个防御体系的加强。再说召公平淮夷历史和出土器物铭文均有记载，如果说召公平定淮夷后又把周公之后的蒋国从数百里外的尉氏县迁到淮南的期思古城，这么大的历史事件，历史上绝不可能没有任何信息，对于历史事件的评定，我们应该实事求是地根据史料及历史遗存的实物来作为论证的基础，不能全靠分析来推测。由于年代久远，资料缺乏，基于当时社会的复杂性，环境的多变性，加之政治、战争、制度、文化等诸多不可预测因素，仅靠推测，难以弄清事实真相，搞不清楚的事可以存疑，不能贸然下结论。

期思作为古蒋国最有力的证据是期思现在还较好地保存着2000多米长的古城墙，墙体底部分布有大量商代文化包含物，证明这就是一座建于西周初期的古代都城。其实期思古城的历史远不止西周时期。古城内除发现有大量商周至汉唐遗物之外，西北台地约2万平方米范围内还发现大量的石斧、石凿、红陶、火烧土等史前文物，在期思古城的周围还发现多处面积很大的商、周以至时代更早的古人类活动遗址。说明早在蒋氏封国之前期思地区就经过了先民的开发，是一个生产比较发达，人口比较密集的地区。从区位上讲，期思处在汝河，白露河与淮河的交汇之地，古淮河、古汝口、古白鹭河口都紧临期思。交通便利，水资源丰富。从政治上讲，期思地区位于淮夷诸邦的最西部，是西周王朝距离淮夷最近的地方，是紧要的东南门户之一。从军事上讲，蒋国西依息国，北靠蔡国，形成一个强大的军事犄角，对东南方向的淮夷发挥巨大的震慑作用。历史上周与淮夷的战事记载多见徐、奄和涂山氏群舒之国，而蒋、息、蔡附近的江、黄、弦、六等异姓邦国反叛的记载就少见。这也是“汉阳诸姬”防线所起到的作用。从经济上讲，期思地区土地肥沃，陂塘密布，人口稠密，兵员充足。这里水美鱼肥，粮丰林茂。周公对儿子的封地是经过精心选择后决定的，不是随便说封就封。

期思城是古蒋国，除《左传》、《汉书》、《续汉书》、《水经注》等史书有记载外，《光州志》、《固始县志》等明清地方志书也都有明确记载，全国各地蒋氏族谱记载更不用说，如《睢阳蒋氏家谱》之《蒋氏系出姬姓考》（明崇祯十二年续修）载：“按吾蒋姬姓也，周公第三子伯龄封蒋侯，左传富辰所谓凡蒋邢茅胙祭周公之胤也云云，观前汉书古今人物表，新唐书宰相蒋伸世系表。国在汝南期思，期思今为聚名，古蒋春秋名期思，又名寝丘，孙叔敖埋蛇处也，在今固始县西北七十里。”《武龄蒋氏家谱》系蒋介石请沙孟海主持编修，蒋介石亲自写序，他在序中说：“其有史可证者，周初始封蒋国，后为期思邑，刘宋改称乐安，赵宋为光州仙居县，即今河南固始县境，”地方说的基本准确，在期思，在固始境。只是对刘宋乐安、南宋仙居曾改称期思的沿革不是很明白。我们在宜兴谱内见到了唐天宝十五年的《蒋氏大宗碑记》，碑记中说：“昔者周公正天地之纪，立君臣之度，朝诸侯于明堂，复宝命于元子，于是旌之车服，锡之山川，虽名上公之位号，实用王者之礼乐，然犹大禄丰功优命诸子，宅鲁侯于曲阜，城蒋国于期思，得姓之始斯非盛欤，是以再见春秋，永为藩辅，受介圭而作瑞，分宝玉而展亲，备物典策，异姓为后，南面而享国者十有余世，其后天子微弱，下堂而见诸侯，大国凭凌，容车以窥王室，汉阳宗国，楚实侵并。”这段文字的大意是：周公辅助成王有大功劳，因此，儿子们也受到优厚待遇封土立国，在曲阜封建了鲁国，在期思封建了蒋国，后来周王朝衰弱，汉阳地区的姬姓宗国都被楚国侵并。期思之所以能历经西周，春秋战国，延至汉、晋、隋、唐而成为历史上有名的城邑，主要因为蒋氏在此立国，苦心经营了四百年，后楚相孙叔敖生于期思，并造“期思陂”水利，进一步提升了期思的农业生产水平。这些都为期思能跻身于历史著名城邑奠定了坚实的经济、文化、政治方面基础。

我们最后再说尉氏西的蒋城，如上所述，《太平环宇记》是北宋初期的一部重要地理著作。乐史是一位具有爱国之心的史志学家，他在北宋还没有把后晋割给辽的幽、营、檀等十六州收回的情况下，就把那一大片土地收入了《太平环宇记》，他是一位值得尊敬的古代学者。乐史在著作访查中确实发现了尉氏西有蒋城的信息，很可能当地就有蒋国故事的流传，他把这条信息记入书中，他说蒋城在尉氏县西50里，处尉氏、新郑之间，又引《左传》说明蒋是周公之后。但是我们应该注意到，他并没有像前代学者说期思就是古蒋国那样，肯定地说蒋城就是古蒋国。这样一来，尉氏的蒋城在概念上给人留下了较大的想象空间，说它是蒋国人筑的城或是蒋国人住的城都可以，但这和“就是古蒋国”概念完全不同。我们不妨用《蒋氏家谱》中的历史信息作参考，来分析一下尉氏何以有蒋城。唐《蒋氏大宗碑记》说：“汉阳宗国，楚实侵并，既采食于漆水，又转封于辽阳，爵土虽微，亲贤不替，自是侵以吞削又居乐安。”《睢阳蒋氏家谱》说：“伯龄二十三世孙简，国并于楚，传所谓汉阳诸姬楚实尽之者也，子姓奔亡，或仕齐，或家乐安，千乘，遂以国为姓矣。”这两条记载给我们提供的信息是，楚灭蒋后部分蒋氏后人逃往淮河以北，寻求避难。从逃奔的地点看，多是山东一带，鲁、茅和曹国都在山东，他们都是蒋国的同宗至亲，去山东是较好的选择。但郑国也是姬姓同宗之国，蒋灭之时，郑约在郑穆公时，曹约在曹共公末年，鲁约在鲁文公初年。这些方国虽然不是强国，当时也还具有一定的国力。蒋人奔郑，郑国为同姓的蒋筑城，这种可能不是没有，也许是蒋氏在郑国划出范围内修城备战，以图复蒋。当然，这些都是推测。由于尉氏蒋城的信息仅见于《太平环宇记》，我们对其知之甚少。同时，我们也注意到同是北宋时期的另一部重要地理著作《元丰九域志》就没有尉氏蒋城的记载，却在光州古迹条中明确写道：“期思城，本楚下邑，古蒋国也。”历史年代久远，古人为我们留下的有关古蒋国资料太少，有些情况可能我们难以弄明白。

不过，蒋国始封于期思而不是尉氏还有一个十分有力的证据，那就是蒋国的得名。蒋和邻近的蔡、蓼两国一样，都是以植物名称命名的诸侯国，这符合我们祖先以山川、地理、植物、动物命名的习惯。“蒋”在古时候是一种植物，是古人称之为六粟的一种，也叫做“菰”，结籽叫“菰米”，后来由于菌类的侵殖变异，演变成蔬菜，就是今天的茭白，在豫南一带俗称为水黄瓜，“蒋”是习水植物，多生于沼泽池塘之中，期思古城一带因地近淮河、白鹭河，低洼地多，沼泽连片，至今仍大量种植“蒋”即茭白这种植物，而在尉氏的蒋城一带并不具备大量生长“蒋”这种植物的环境条件。

西周蒋国与期思地理小考

戴吉强*

在西周中后期，蒋国是豫南主要封国之一，一是其爵位比周边其他封国要高，为伯；二是其地理位置相对重要，它不仅是史灌河流域重要的农业区，还扼守淮河中游进入大别山的门户。由于历史记载中蒋国始封与国灭后楚建期思县其间有矛盾之处，笔者因编志需要，参照文献记载与考古成果略作浅析。

西周初期蒋国的分封与迁徙

明嘉靖《固始县志·沿革》载："蒋氏出自姬姓，周公第三子伯龄封于蒋。""龄"应是周公第三子之名，"伯"为其封爵。至于是始封还是迁徙，县志中并未言及，但在一个相当长的时间内，县内研究人士大都认为，固始历史域地就是蒋国的始封地，有的材料中还言之凿凿说期思有伯龄墓。

但这一说法却存在很明显的矛盾。西周初年，武王刚刚完成伐纣，与东夷族在豫东平原战火未熄，固始历史域地所在的淮河中游南岸还在南淮夷的偃、舒等氏族的控制之中，并不在西周的势力范围内，伯龄不可能受封于此。况且，与蒋国同时受封的其他"周公之胤"凡、邢、胙、祭、茅都分布在西周东都洛阳以东黄河两岸，蒋怎能独在淮南？据马世之先生《中原古国历史与文化》考证，蒋

* 戴吉强，固始县史志研究室。

国始封地应在今河南获嘉县蒋村，时间在成王后期，后于昭王、穆王时期南迁至今尉氏县蒋城，在宣王之世征服了南淮夷（含固始历史域地）后，为了加强对南淮夷旧地的控制，将蒋国南迁至今淮滨县境。国家夏商周断代工程首席学者李学勤先生在他最近主编的《中国古代历史与文明》丛书《西周史与西周文明》一书中阐述。根据考古发现的《召伯虎簋》、《兮甲盘》等青铜器铭文可知，宣王在征服了淮夷和南淮夷后，任命兮甲（即《诗经·小雅·六月》之吉甫）主管成周，包括南淮夷在内的财政收入，并授权其如果南淮夷不按规定交纳贡赋、提供力役，可以兴兵讨伐。由此说明，宣王在征服南淮夷初期，还未在其旧地实行分封，因而宣王在淮南的分封，只能在他执政后期或更晚。

综上所述，蒋国始封之地并非在今淮南地区，而在随着西周政治版图的拓展而南迁的，固始历史域地是其最后一站，说伯龄墓在淮南地区几乎没有可能。

蒋国与期思县治所辨析

蒋国迁到淮南后，约于公元前617年前被楚所灭，楚于其旧地置期思县。有关蒋都所在地与楚期思县初治地，目前大致有两种说法：一是蒋国都城在今蒋集境内兴隆集一带，楚初建期思县亦治于此，后于秦汉时期再迁至今淮滨县期思镇地；二是蒋国都城在今淮滨期思镇，期思治所亦在于此，并无迁徙。笔者认为前一种说法更近史实。

较早记录这段历史的是晋初杜预。他在《春秋释例·卷六·楚地》“（文十年）期思”条下记：“弋阳（郡）固始县东北，有期思城。”这个期思城，即古蒋都及期思县初治之地。《续汉书·郡国志》：豫州汝南郡“期思”：“有蒋乡，故蒋国”，《后汉书·郡国志》记同此。《大清一统志》卷一七六光州古迹“蒋乡”，也记在“固始县东北”。

近年的固始考古也证实了上述记载。蒋集境内的兴隆集遗址，长500米，宽300米，考古工作者在遗址上发现鼎腿及豆、尊等陶片，还有战国时期铜剑、汉代铜镜，汉代及以前古井多处，当地人称之“锦锈城”，为商至汉代文化遗址。

有关古蒋都应在固始县东北即今蒋集一带一说，近年又有不少学者和研究人士提出。武汉大学历史地理学家石泉和他的学生徐少华，分别在《古代荆楚地理新探·续集》、《周代南土历史地理与文化》中有此论述。李玉洁在《楚国史》中也认为：“蒋，姬姓，古期思县，今河南固始县东。”周振鹤主编的《汉书·地理志汇释》“期思”条引王先谦“补注”：“《一统志》，故城在今固始县西北，蒋乡在县东。”他所引文的前提也是“《续志》，有蒋乡，故蒋国”。因而他“补注”中所言“故城”只能是期思故城，而“蒋乡”旧地当另有蒋都故城。

“期思之水”与“雩娄之野”

《淮南子·人间训》中说：“孙叔敖决期思之水而灌雩娄之野，庄王知其可以为令尹也。”有些志书史料在引用《淮南子》这句话时，硬说雩娄是期思辖下的“乡”，不知何据。但仅按原文字面理解，期思和雩娄之间也不应有统属关系，只能为平等关系。因历史上雩娄的情况载存很少，故为后世留下不少疑点。参见王先谦《汉书补注》“雩娄”条：“楚东邑、与吴界。”而“期思”条仅言“春秋楚地”，未言所属关系。杨守敬在《水经注疏》中则认为“雩娄当作县故楚地”。另从西汉固始历史域地设县秘属郡国分析，当时固始历史域地内置有六县，分属汝南郡二：浸县、期思县；六安国三：蓼县、阳泉县、安丰县；庐江郡一：雩娄县。由此推知雩娄与南境较有历史渊源，因而秦汉因之，应与期思无隶属关系。

按上述记载作地理分析，春秋时期思之地应在今固始西部以及西北部、西南部地区，而雩娄则在今固始东部、东南部及东、南邻近地区，孙叔敖所修的“期思雩娄灌区”遗迹都分布于今固始中东部地带，也可证明这一点。

探究蒋氏的起源、迁徙、发展

蒋笑婷

蒋氏来源

蒋氏的来源是比较纯正的，据史学的记载，出处共两处。

其一，蒋姓出自姬姓，是周王朝的后代。周公旦的第三个儿子伯龄，被封在蒋地，建立了蒋国。后来蒋国被楚国所灭，伯龄的后代子孙就以原国名命姓，称蒋姓。《元和姓策》中记载："周公第三子伯龄封蒋，子孙氏焉，国在汝南期思县。"期思县因期思公复遂而得名，治所即今河南淮滨县城东南15公里得期思集，北临死河，系春秋时楚灭蒋所置，属于汝南郡，魏晋时改属弋阳郡。因此，蒋氏祖根在今河南淮滨。

其二，少数民族如满、蒙古、回、苗、瑶、傣、土家、壮、羌人等都有蒋姓。

蒋氏迁移

蒋氏的最初迁移：先秦时期，蒋氏主要是在今河南境内发展繁衍，自楚灭蒋后，蒋氏除部分仍留在河南外，大部分外迁。秦汉之际，蒋姓已进入陕西、山东等地。有一支首先于汉时已迁入陕西省境内，又一支于东汉迁往义阳县（今属江苏）。西汉哀帝时，又杜陵人（今陕西长安县东南）蒋诩被封为 兖州（今属山东）之刺史。其子孙东汉初渡江南各地，其中一支徙居阳羡（今江苏宜兴），一支徙居毗陵（今江苏常州）之滆湖，一支迁至今浙江奉化之三岭。

五代时期，汉代名士蒋诩的后人蒋显出任四明监盐官，住在宁波城内的采莲桥，其后代日益兴盛，这是蒋氏南迁生活的开始与起步。

蒋氏南迁：大名鼎鼎的蒋横是蒋诩的裔孙。东汉初，蒋横随光武帝刘秀南征北战，特别是征讨赤眉有功，后被奸人司隶羌路诬陷，被光武帝杀害。蒋横的九个儿子因此避祸南逃。后因朝野不平，民谣四起，光武帝下旨彻查蒋横冤案，后处斩羌路，并将蒋横的九个儿子随地封侯。即：公华侯颖，会稽侯郑、临苏侯浙、临湖侯濯、浦亭侯巡、临江侯川、九江侯稔、云阳侯默、函亭侯澄。蒋横一族也因此扩衍到江南的江苏、江西、浙江、四川、湖北、湖南等地，并且成为当地的开基始祖。尤其是在江苏宜兴的蒋澄成为江南蒋氏中最大的一支，后裔遍及江南各地。

其他迁徙：三国末期，零陵郡人的蒋琬继诸葛亮为蜀国丞相。据湖南永州、广西全州梅潭《蒋氏通谱》载：蒋琬为蒋横的第十一世孙。西晋咸宁元年（275年），蒋琬第三子蒋赞携母毛氏迁居广西的全州梅潭，其后子孙散居湖南永州、广西桂州之间。全州近百分之六十的蒋姓郡望有东莱、乐安主要堂号有钟山、九侯、居易、亦政等。郡望和堂号主要是标明一个姓都出自蒋赞浙一支。

唐总章二年（669年），陈政、陈元光入闽开辟漳州，有河南蒋姓的将佐随从，后在建安落户。宋代，蒋氏已有移居今广东者，如南宋理宗时进士蒋科为电白人（今广东高州县东北）。元末，永嘉人（今浙江温州）蒋允文避乱闽中。元明时期，福建、广东的蒋氏已发展成为大族。

蒋氏迁台：蒋氏入台最早是明末跟随郑成功收复台湾的蒋毅庵。明末清初时，福建、广东的沿海蒋氏族人开始迁徙至台湾，有的甚至远播海外。蒋介石去台后，浙江蒋氏大批族人也随同迁台。

经过漫长的迁徙，蒋氏的人口数量庞大，并且已经达到相对稳定的状况，蒋氏后代的足迹也已经遍及五湖四海，甚至远播海外。来自公安部2009年身份证数据库的数据，在中国姓氏人口中，蒋姓排名第45名，人口约为540万。以四川、湖南、浙江、江苏四省蒋姓人口最多，约占全国汉族蒋姓总人口的60％。

蒋氏郡望和堂号：历经长久的迁徙和繁衍，蒋氏逐渐形成了郡望和堂号。各支的地域来源或血统所出，在内涵上既相互联系又有所区别，但不管怎样，都象征着当时显赫的地位和身份。蒋氏主要以“钟山”、“九侯”为主要堂号。

蒋氏的家谱：现今，上海、浙江、北京、河南、河北、广西等全国各地都有不断修撰完善的蒋姓家谱文献。大多数蒋氏家谱珍藏于各地的博物馆、图书馆以及中国的家谱网等等。这些家谱为后代子孙寻根溯源，提供了极其宝贵的资料。历经岁月的洗练与沉淀，家谱也成了一道富有文化气息的风景，越来越昭显千年历史文化源远流长的味道。

蒋姓宗族的特征

一、天下无二蒋，蒋姓来源是相当纯正的，并无其他夹杂。

二、蒋姓起源于北方，却盛行于南方，在我国历史上是一个比较典型的南方姓氏

三、历史上蒋姓人才济济，星汉灿烂。西汉蒋诩，以廉直著称，三国蒋琬，蜀汉大将军。北宋蒋堂，江淮制置发运史，元代蒋丙，起义军首领，自称顺天王。明代蒋忠，善诗词，负有盛名。清代蒋士铨，善诗文。可以说，蒋氏家族为中国历史的进步做出了杰出的贡献。

四、蒋氏字行辈分短则有续，据《灰汤蒋坻谱》记载，湖南宁邑蒋姓一支字行为“际忠诚源河南兆，永朝世立国泰民，安湘启祖

传嗣广，贤英恒守应昌荣。”续修派行为：“原泉资必达，深造得长盈，孝友承先业，诗书建大名。”

蒋氏的文化遗迹

河南淮滨县，蒋姓的发源地；浙江奉化市溪口镇的蒋氏故里，福建漳州市华安县的家氏宗祠，广西桂林市的蒋氏宗祠，浙江金华东阳的蒋氏宗祠等等。许许多多的宗祠，经过历史的净化和洗涤，成为一种文化遗迹而流传下来。而这些文化遗迹的聚集，又汇成了一道人文景观，供大家欣赏观望

赵钱孙李、周吴郑王、冯陈褚卫、蒋沈韩杨，这些是百家姓中人们常见的耳熟能详的几句。百家姓中上百个姓氏代表着不同的姓氏起源和文化。而这些姓氏，它联系着我们的历史与血缘，通过它可以寻访生命之源，打开心中之结。可以说，每一个人的姓氏，就是追溯那生命源头的线索。

蒋氏的发展经历了一个相当漫长的时期，从开始出现到发展繁衍再到趋于稳定。这是一个每个姓氏的必将经历的过程。蒋氏人口分布很广，足迹几乎遍布全国各地，甚至海外蒋氏者众多。通过追溯这样的一段历史，对于华夏子孙的寻根文化算是一个小小的线路。更多的姓氏仍需大家去认知，去了解。通过系统整理家族的姓氏，来深入探索众多的姓氏，考究自己的祖先，也是一种亲缘的天性和义务。

豫闽台蒋姓一家亲

蒋利人*

根据史书、文献的记载，根据全国各地的蒋姓族谱，专家学者的研究资料，充分表明豫闽台的蒋姓族人祖同根、血同缘、文同脉，豫闽台蒋姓一家亲。

一、豫闽台蒋姓祖同根

我国的姓氏历史源远流长。蒋姓是我国历史悠久的姓氏之一，蒋氏得姓迄今已有三四千年了，至少经历了120余代，宗支繁衍遍及五湖四海。据我国公安部治安管理局2007年4月24日公布的资料，蒋姓人口700多万人，排行第39位，是我国人口众多的50个大姓之一。蒋姓在《百家姓》中排行为13位。由于蒋姓在历史上有很大的影响，而且蒋姓在历史上名人辈出。所以蒋姓乃中华之大姓、重姓、望族。

当今福建省蒋氏均是伯龄公的后裔，分布在300多个村落，人口约十万。不论是福建，还是在台湾的蒋姓家族都把源流写进了族谱，有的甚至把固始这蒋姓祖根地刻在墓碑上、刻在宗祠的祠柱上，让子孙千秋万代不忘“根”。所以，不论蒋姓族人播迁在福建，还是台湾，都有着祖同根的历史渊源关系。

* 蒋利人，福州市仓山区。

二、豫闽台蒋姓血同源

（一）蒋氏族人是从中原迁徙到福建的

根据《福建通史》、《福州府志》、《漳州府志》、《安溪姓氏志》、《固始县志》载：“蒋姓入闽有史可考的见于唐初。河南蒋姓将佐随陈政、陈元光父子入闽并在漳州落籍繁衍，唐光启元年，随同王潮、王审知入闽34个姓的将佐中有蒋佐和河南固始蒋姓籍民。”

经过《蒋氏族谱》重修成功，各地的蒋姓源流也逐渐明朗，对照各地市、县志，对大规模迁徙福建的蒋姓族人基本查明、理清。入闽蒋氏中发展繁衍成族，兴旺发达，枝繁叶茂的可归纳为四大宗支，十个衍派。后来有不少蒋氏后裔迁往台湾及世界各地。这十个衍派是：

1. 第一宗支德义衍派。

德义公是宝济公第四十六世，汉陈州知府蒋成之子，迁入福建安溪定居一千多年未见分支，后迁徙浙江奉化，又折回安溪，并在安溪与浙江温州、平阳、玉环、蒲门之间辗转迁回，清乾隆年间才最后落根于福建福鼎市东稼白叶村，今子孙在福建居点仅福建霞浦、福鼎、武夷山等地村落繁衍。可以统计的人口不足400人。

2. 第二宗支是伯龄公之48世祖九江侯稔公宗支，有五个衍派。

（1）蒋吉衍派。蒋吉的先祖从安徽直隶凤阳府八象井，跟随从王审知入闽。他们的后裔中一支，经福清进入长乐八都宾岭邦上定居。传到蒋朱、蒋安、蒋滔、蒋九娘时，迁移宾岭附近三溪莲池头建屋而居。又传五代到蒋龙、蒋凤长子蒋吉时，又迁距三溪十华里的十一都（屿阳）定居，后子孙兴旺，成为福建蒋姓人口最集中，也最多的一个村落，后裔繁衍40个村落，有的迁徙台湾，不少播迁世界各地。

（2）蒋钟英衍派。蒋钟英不知先祖何人、何时到福州，后居福州螺州嘉洋里，不知经过多少代，该支迁移漳州，又传数代再迁移龙岩定居，形成子孙兴旺的蒋钟英衍派，后分成三大房。

（3）高公衍派。始迁祖高公。高公因避黄巢起义，弃官从江西入闽，其子孙在仙游繁衍定居。其后代遍布德化、永春、大田、尤溪等地几十个村落，还分布与漳州、龙海、南靖、华安、厦门同安、漳平等几十个村落。在永泰，古田、闽清等地也有其后代。

（4）蒋旺衍派。蒋旺于宋朝由安徽凤阳府奉旨入闽，仕宦至福全正千户。范公随侄蒋旺至泉州择奇树定居，念晋江福全、泉州奇树、泉州潭美、泉州市区、晋江惠安、厦门翔安澳头、永春蒋氏均是他们的后裔。

（5）绍公衍派。蒋绍南京直隶凤阳府人。明太祖时任念吾将军，封万户侯。永乐二年奉旨自江苏金陵入闽，落户福州后。其子孙由福州迁徙永泰县。但该衍派繁衍缓慢。

3. 第三宗支是伯龄公之48世云阳侯默公宗支，有一个衍派。

子慎衍派。63世蒋子慎唐代自江苏宜兴入闽任建安县令，其子孙主要生活在闽东宁德福安、霞浦、福鼎、古田等十几个村落和浙江。

4. 第四宗支是伯龄公之48世汈亭侯澄公宗支，有三个衍派。

（1）渊公衍派。宋枢密直学兼礼部侍郎蒋堂之五子蒋渊，任宋清源郡（今泉州）刺史，自江苏宜兴入闽，其六弟陆公后定居仙游东蒋，后裔主要播迁于莆田市几十个村落。

（2）给公衍派。92世祖蒋给，于宋加熙元年（1237年）从江西广丰迁入福建浦城，其后裔广播浦城县二十几个村落。

（3）木公衍派。94世祖十八郎（蒋木）宋元庆年间从江苏丹阳经江西迁入连城，今分布连城、长汀县等十几个村落，另有一支迁移龙岩市区一个村落。

（二）蒋氏族人从大陆迁徙台湾

据台湾史料记载："始祖伯龄，根在固始"。有从大陆各地在不同年代迁徙而去，如今台湾蒋姓人口有三万多人。但迁徙台湾最早，蒋姓人数最多且有史料为据的是福建地区，特别是闽南各地的蒋氏族人。据《福建通史》记载："台湾的蒋氏主要来自福建泉州，而泉州的蒋氏始祖是南宋的大学士蒋邕（雍），他是莆田仙游人，在南宋绍兴年间由中原来泉州教书，后来定居下来，成为闽台蒋氏的开山祖。"蒋姓族人迁徙台湾最早的是明永历三十七年。当时，有位随郑成功父子军队中任副总的蒋毅庵（蒋毅庵死后葬于彰化市的八封山麓）和一位郑氏军队中的蒋琬部将，后定居台湾垦港东里西势庄。这些将士被认为是蒋氏迁徙台湾的始祖。

另据《福全蒋氏宗谱》载，泉州地区晋江市金井镇福全村有九世祖蒋学文迁居台湾、十五世蒋彩应举家迁徙台湾漳化县马芝遴保管厝庄，四房素斋厅蒋城移迁台湾、十三世福全蒋明随先祖迁徙台湾桃园。据厦门翔安澳头《蒋氏族谱》载："翔安澳头村蒋孟育公明万历十七年进士，南京吏部右侍郎，由澳头迁移金门西山前社，后裔在1958年有1千多蒋姓族人迁入台湾居嘉义、高雄等地，在金门至今仍有300多蒋姓族人。"另据《同安县志》载："澳头迁台始祖有蒋士魏迁台北淡水、蒋本大迁高雄，他们也成为台湾蒋氏的又一宗支。"据莆田蒋姓史料载，在清末至民国年间莆田很多人赴台湾经营或开发，其中有不少蒋姓族人，如莆田秀屿区蒋厝村蒋文瑛因仕宦居台北，有蒋亚欣兄弟、蒋九樵、蒋亚绍、蒋金龙等举家迁台湾，在莆田还有许多渊公、陆公后裔和忠门半岛南部30个村落蒋姓族人迁移台湾。据华安县《蒋氏宗谱》载，蒋宗清华安首任长官代县长，1931年调省城后举家迁徙台湾。据尤溪《蒋氏宗谱》载，台湾奉系蒋氏宗亲有不少来自尤溪。据《闽莲族志》载，长汀蒋坊、蒋道训在台湾任官，蒋承龙、蒋承为均居台北，蒋美兰、蒋美礅等居淡水。据长乐屿头《蒋氏族谱》载，屿头吉公后裔有民国初期海军总司令蒋拯上将后裔蒋铭、蒋秀莹、蒋秀光等居台北，连江蒋书浩、蒋启粥迁台北。

在不同时期，蒋氏族人赴台，但他们都是伯龄公的血脉。所以豫闽台蒋姓族人不仅是同根共祖，而且是血同缘。

三、豫闽台蒋姓文同脉

豫闽台蒋姓族人不仅同根共祖血缘亲情，而且豫闽台的语系、方言、词解何等的相似，民俗习惯、宗教信仰之相同、文化亲缘之深刻。

（一）豫闽台的语言渊源

豫闽台虽隔数千里，但从固始古语方言的切韵，还是从读间音，还是词语解释含义是何等的相似与相同，在大陆的一些族规、家训等 得以在台湾延续，大陆的戏剧、宗教信仰在台湾更加兴盛。然而“根”乃出自中原河南，这为验证豫闽台是一家提供了有力的证据。

专家对闽台方言称“福洛话”，“河洛话”。河洛话的语音系统与隋朝陆法言《切韵》一书基本一致，保留着中原时期河洛故国之音。《切韵》所反映的中原河洛古音，从某种程度上说，就像语言“活化石”被保留。河南固始方言与闽台方言颇为接近，而其他地区的方言却没有这种特殊的读音。从特殊的日常用语，也可看出豫闽台方言的相似之处。普通话的“起床”固始方言为“爬起来”，闽台方言为“爬起”；“天亮”固始方言为“天光”，闽台方言也为“天光”；“老头子”固始方言为“老货”，闽台方言为“老货”；“老婆”固始方言为“老马子”，闽台方言为“老马”或“老马子”；“没有”固始方言为“没得”，闽台方言为“毛”；“太阳”固始方言为“日头”，闽台方言为“日头”；“下雪”固始方言为“落雪”，闽台方言为“落雪”；“元宵”固始方言为“汤圆子”，闽台方言为“汤圆”；“一年多”固始方言为“年把”，闽台方言为“年把”；“水开了”固始方言为“水滚了”，闽台方言为“水滚”，等等。

上述可见，这些方言土语与普通话有很大差别，而又不见于其他地区的方言，唯独河南与闽台的方言相似，甚至完全相同。再引用启解比较看：固始方言常用“头”字。如“里头”、“钵头”、“锄头”、“田头”、“桥头”而闽台方言也一样常用。再如“闹热”固始闽台均为繁盛之意，“爽快”固始闽台方言均为舒服之称，“招呼”固始闽台方言则为接待、关照之意与普通话词语意思完全不同，再如“厝”为地名者甚多，什么“蒋厝里”、“吴厝顶”等，举不胜举。甚至地名也沿用，河南有洛阳桥，福建泉州也有洛阳桥、淮滨有乌龙集、福州有乌龙江，两地都有“乌龙庙”。这些不仅得到专家认可，而且实际上只要你到闽台，都可了解到许多地方都保留着中原古语。从豫闽台方言、地名进行对比历历可稽，凿凿有据。这些都是唐朝历史在闽台打下的烙印，豫闽台一千多年前是一家并非虚言。

（二）豫闽台的民情风俗

历史上唐朝中原人两次大规模南迁福建时把固始的文化带到了

东南沿海又传到了台湾。由于经过千年历史的变迁，虽然出现了多元化的文化特性，形成了中原与闽台相结合的新的文化特征，但始终离不开中原文化的内涵。

再从中原与闽台间社会风尚习俗的演化过程，民间各种习俗文化而言，是不以姓氏家族而区分的，而是共同相一致的。以“婚姻习俗”对比来看，古时固始婚姻的程序和内容与古时闽台的是何等相似。“生育习俗”中的“三诞”、“满月”等也都十分相似。对于“丧葬习俗”、“清明习俗”扫墓祀祖清明节的主要的活动，豫闽台也基本一样；“节日的习俗”中的“春节”、“元宵”、“中秋”等节日的习俗也一样。固始有糍粑，闽台也有，也称糍粑，固始的挂面到闽台成为线面，中原的鱼丸中加肉馅演变成为闽台人民节庆中不可缺少的鱼丸。风情民俗都代代相沿成习。即使山川阻隔，星移斗转、文化更新，民间的传统却一脉相承。

（三）豫闽台蒋氏文化

中原文化向闽台文化的传播影响是众所周知的，不论是宗族谱牒文化、族规、家训、还是传统戏剧，还是宗教信仰都是十分一致，得以延续。然而“根”乃出自中原河南。

蒋介石到了台湾后，把其母亲的教诲和自己的文章编入国文教材，供学生背诵，在台湾岛推广了两岸人民都能沟通的普通话。在他到台湾的26年里，也尽量在台湾保持着中国的文化传统，不断灌输“台湾民众根在大陆”的理念。再从戏剧而言，中原地区的文化艺术也随着大批的移民传入福建，许多的戏剧如京剧沿用至今，有的则与本地的戏剧结合经过发展、品种繁多、剧目丰富。演技精妙的“木偶戏”，有的吸收了弋阳腔、徽调和吸收京剧表演形式的一个多声腔的闽剧而流行于闽台。再从闽台的“皮猴戏”来说，它是直接来源于固始的“皮影戏”。而且剧本里有许多中原戏文中所常见的词汇，因此专家推断闽台的“皮影戏”来自中原。

（四）寻根拜祖显亲情

寻根、拜祖、恳亲，不仅仅是炎黄子孙一种凝聚和寄托的方式，更是弘扬中华民族文化振奋民族精神，创建美好未来的原动力。

20世纪80年代，台湾人民纷纷回大陆寻根、拜祖。我们蒋氏族人也随潮流而行。福建台湾一水之隔，亲人最多，从台湾回乡寻根探亲最热。他们回来必提：我们的根在河南，有朝一日要到河南祭祖，以寄托血缘亲情。他们回家乡还捐巨款重修宗祠、修族谱、办企业、兴公益事业造福子孙后代，为家乡建设作出贡献。晋江福全蒋明俊等宗亲回乡恳亲时说：“台湾桃园几千蒋姓宗亲都牢记祖先的根在河南固始，在那里还有一条闻名台湾的福全街。”再如蒋孝严先生也多次到大陆访问。我们相信，明年他一定会带台湾的蒋氏宗亲回到蒋国的祖根地——河南淮滨期思，寻根祭祖。这是豫闽台蒋姓族人的亲情啊！历史割不断血脉链条，大海挡不住骨肉亲情的历史渊源关系。这一切充分验证了豫闽台蒋姓族人有着祖同根、血同缘、文同脉的渊源，豫闽台蒋姓一家亲。

蒋国·人物成周的地位和作用

蒋鸿林*

公元前11世纪中期，西周王朝初立不久，淮夷及殷商顽裔发生叛乱，摄政王姬旦亲率大军东征，平叛三年后胜利返朝。日见成王年长，便助其登基大典，还政于其，自己就臣位。周成王临朝不久，谮言，说周公四越僭。此时，就连主政的召公也乘机排斥宗室。周公无奈，便借巡防边境为由率宗亲奔楚之私邑——寝丘，三子伯龄携军前往营镇，这就给日后想在该处建立蒋国的领地奠定了基础。

数月后，成王心神不定，疾病缠身，甚想念王叔，自觉愧对周公，便急召其返朝辅政。周公回朝后，审时度势，即时制定了一系列的治国策略。忠告成王勤政、亲民、近宗勋，封疆建国，以屏国土。在随后的大分封过程中，成王“广封周公庶子六人，皆有茅土”（《汉书王莽传》）。

周成王十年（约前1054，即周公去世前一年），姬伯龄（翎）以子爵封于蒋，建蒋国于汉阳，中国始有蒋姓。蒋姓是一古老姓氏，历史书籍多有载述。战国时期亚圣孟轲，后圣荀况，都有题词著说。秦汉之际，蒋氏第35世摘秦侯，宗周公参修世本，撰写《太宗世谱》，传记历代先祖世家及36世辈字歌。隋朝蒋天铭著作《追远录》，唐朝蒋冽著作《蒋氏大宗碑记》，宋朝蒋之奇撰序《金边

* 蒋鸿林，河北省邯郸市卫生局。

龙谱》，其后续传《茗苓宗谱》，更为详尽地记述了蒋氏族人的居地、封迁、繁衍、辈字等族史情况。

由于公元前九世纪共和元年后国家才有正式纪年，之前夏商周断代和武王伐纣及西周初立年份，古书《尚书·牧誓》仅记日无年代，为史家推断时限，所以至今仍没有一个统一的时间认定。自古以来，蒋氏宗谱载记的蒋国初封年份说法不一，在时间、空间上凸显不平。有的记载为公元前1054年（山东乐安堂谱，时间同范文澜《中国通史·记年表》），有公元前1035年（福建长乐蒋氏族谱），还有公元前1030年的（华安蒋氏族谱）等等。

自古以来，中国蒋氏就有子蒋、北蒋、南蒋之说，至南北朝时期已有明显说词，况南北蒋氏多不往来，这也是有其历史根源的。东汉后，蒋氏以长江为界，即有明显地理差异。江南族人相对聚集，人多势广，英才辈出，族谱辈序清晰，播迁居地记录完整，尤为宋代以后更为明显。北蒋族人居住分散，地域广大，再加上历史上灾害频繁及人为因素的破坏，姓氏古谱多不存在，宗族记录自春秋战国时期至东汉九侯世家后，自成体系，互不交融，多数辈序、族史仅为口耳传说，在中国的北方广大地域，多是公元十五世纪明朝初年大迁民后，才真正撰有宗轴和族谱。因此，近几年来，社会上才有了“子姓蒋”的传闻，势有颠倒“天下一蒋”的承说。说实在话，本人为了寻根问祖，蒋氏联宗，为了弄清楚所谓“子姓蒋”的根源来历，这才坚定了寻蒋多年的信念和决心。当今中国真的存在“子姓蒋”吗？从古至今在中华蒋氏谱牒和宗祠记录中无此传闻，史籍文献中并未发现有源于殷商兴于相地内黄的子姓蒋的记载。大将军蒋横认养山西蒋姓义子蒋震后江北稔公统承北蒋宗支，从此以后便无子蒋的说法。况且本人自1997年始研究姓氏以来，已查阅数十部蒋氏族谱，去过11个省，百余个县，130多个乡村，实地姓氏调查、论证和研究，未能获得“子姓蒋”的典说和依据，故本人认为所谓的“子姓蒋”，其实就是姬蒋的一个分支，发源于获嘉的子蒋，即后来唐宋时期的北蒋罢了。

西周初期，中国处于初、中世纪交替时代。文王之子、武王之弟、成王之“国父”太宰、至圣人物周文公为固西周大业，自当大任，主政七年，以摄政王权独揽朝纲，外抵侵戎，内稳朝政，典纲制礼，整肃酋佞，以贤称世。

公元前1055年周成王九年，周公营建东都王城完善，文作《洛诰》卜兆，劝说恭敬成王东进入住新邑，并率百官祈福典礼，仪祀后，成王以“四方迪乱未定”复西归镐京，敕命周公留守洛邑，并准其率八师之兵驻守成周京畿，统管陕县以东疆域（陕县西归召公管辖），周公又作《无逸》诫告成王勤政兴周，再作《多士》警示殷商顽民，维护周之东土。次二年，周公治洛毕，独以朝觐在丰，病卒，成王以周公“勤劳王家”，其“德明光于上下，勤施于四方”，故葬于毕（今陕西西安市西南），从文王茔，以明其不敢臣周公。并赐鲁公世世祀周，用天子礼乐以褒周公之绩。

周公长子伯禽，早在武王时期已代父就鲁，次子伯翔（君陈）仕周世袭周公爵位，代父践行国事。庶子凡蒋、邢、茅、胙、祭、滑，各自依功袭爵，分封疆土。伯龄公率师兵驻洛邑，戍守王城，未去封土。长子本立，才高八斗，入朝辅助国政，以贤位相。次子本道，主蒋国，改封为汉国公。孙仲义，以子爵驻守蒋地（今河南获嘉西北境），这也许就是子蒋最初的根源来历。

蒋伯龄遵循周公生前的嘱咐，坚持自营采邑，其实有着重要的战略意义，他们初想把蒋国建在地处险隘的寝丘寄望，目的是要在周境的大东南建立起一个重要防御门户，达到营镇、联络和监视的作用。正当伯龄公犹豫不定的时候，有一天巡视边境中偶遇一位世外高人，言谈中心有请教之意，遂问曰："吾想在此建一个蒋国，未知翁君意下如何？"老者答曰："此地虽险僻，但也多受限阻，远周近楚，一大弊也。作为蒋姓无妨，但作为蒋国则不宁矣。楚为行林，蒋为菰草，傍倚则大有欺杀之势也。"言罢，拂袖而去。伯龄公听罢，一时惘惛，没了主张。因此，他始终没有痛下决心坚持把蒋氏力量团结起来，共同建立好蒋国，巩固发展好蒋国，而是有悖战略趋势，顺其分势发展，致使蒋国没有如愿发展起来，但其后由于多次复置蒋国，也确实为维护周朝的家国大业，起到了一定的卫戍作用。所以，历代国王也都看中了期思这片沃土，并且确认这里就是蒋国的故都之地。

公元前10世纪（约前985）周昭王涉汉水，征伐楚荆，振旅凯旋，时颂其功业："弘鲁昭王，广笞荆楚，唯狩南行。"当时任周朝上卿的仲仞公，留守朝政，曾多次劝阻昭王不要一意孤行，一旦失去民心，便会动摇社稷江山，昭王不听劝言，后又亲率大军征伐楚荆，返朝时渡汉水而溺亡。随行祭公等人及周军六师大部丧失，蒋族作为周军护卫后营也受损失。自此始，周朝衰落，兵师多年不敢言勇。

周昭公卒，其子满立，是为穆王。穆王初年，仲仞公加封为定西公，家室居镐京，仲信公拜东陵王，居鲁地，仲孝公侯爵居荥阳，仲襄公侯爵居古汴。周穆王时期（前976—前922）四世英曦公侯爵居嘉陵，英昭公侯爵居潍城，英曙公率师征犬戎，得四白狼而归，擢封英王，驻守京都。英旺公，穆王初年时镇守离宫，曾建蒋城于今尉氏县西60里（今王城村附近），后因鲁地内乱，奉调去曲阜辅政，卒后葬兖州曲阜南20里，永寿东陵。

周共王时期（前921—前910）五世季叙公官至相位，驻守汉东国土，卒后葬山东宁阳县东20里。季敉官至上卿，弟兄18人均仕周在朝，为国建业。季韬侯爵居武阳，季贞侯爵居华阳，季元侯爵居涪陵等。

公元前895年，周懿王时王室衰微，六世庆云公擢封为国师，随王室自镐京徙都于犬丘（今陕西兴平东南），后卒于夷王年间，以王礼葬于封内汉梅林山，赐号曰固陵（今河南太康南），其弟庆时博学能文，懿王召拜为相，兄弟共理朝政，富国强兵。庆辰公晚年大贵，周孝王初年也召拜为国相，卒后葬汉东固陵。因此，周王以其子贵，家出三相，而给其父季叙敕封爵位。

公元前869年，周夷王时期，王室益衰，“荒服不朝”，天子始下堂而见诸侯，觐礼废。楚国益强，戎狄不朝。自历王时期，王暴虐无道，国人动乱，攻历王，周召二相行政，号曰“共和”。此时，六世庆宗公侯爵徙晋康，庆鸿公侯爵居秦州天水，庆祯公侯爵徙居延安，庆源公徙居雍州武康。七世叔佳、叔奎二公并出东都，显赫一时，夷王擢为宣公。叔猷公侯爵徙居天水。

公元前828年，周历王胡死于彘，太子静长于召公家，周、召二公共立之，是为宣王。宣王即位，法文、武、成、康之遗风，诸侯复宗周为周朝振兴年段。八世承义公徙居永兴，承明公擢为司徒，承恩公拜为内相，共理朝政，辅助国政。

公元前823年，周宣王五年，蒋氏九世延甫公有勇谋，宣王荐用，时逢猃狁，屡犯宗周，致使周人“靡室靡家”，王命公辅助兮伯吉父，穆公虎讨伐，戎狄复臣服于周。南征淮夷荆蛮，促其按时赋税纳贡。时王化复兴，家国大业中兴。其因功封弋阳公，携子复蒋国于汉东期思。延真公封平原令，徙居山东平原。

十世殷乘公少而神灵，善骑射，未挽弓而飞鸟下。宣王召试，百步金环，使公射之，乃百发百中，一生随王多次征战有功，敕封为神箭侯，官至大司马。生子八人，英勇当世，并职为仕卿。卒葬万安陵。殷肇公侯爵（生于庚申元和元年，卒于平王二年，寿72岁）徙居濮阳。

蒋氏第十一世饬显公，官至东都王，为成周留守，率师伐仪烜赫，驰誉汉东。卒葬万安陵，赠神武。饬颙公篆隶书进封赞善，饬领公官至太史，饬颁公官领大夫。饬颇公练习骑射，穿铁如泥，宣王朝召为镇抚，后官至司马，娶方平公女，生子纪康、纪宣，寿92岁，卒葬万安陵。饬颙公相貌特殊，有勇有谋，随宣王东平淮夷，屡建功业，官至上大夫。饬顺进擢廉访，饬颐职秘书郎。

周宣王晚年，攻杀不断，败绩甚多，乱杀无辜，多失人心，以致朝政不稳。

公元前九世纪修公初仕宣王朝，以廉直名，次佑幽王，幽王荒政，淫纵无道，时“百川沸腾，高岸为谷，山冢崒崩，深谷为陵”。公遂以疾托不仕，隐居于蒋。犬戎联兵功周镐京，杀幽王于骊山。值平王东迁，复出振辅，以五十余年，历相三朝。配东方太国公女，生子四，寿109岁，卒以王礼葬永寿万安陵。

纪侅公，拥兵捍卫东都，抵御楚逆，绩优封为久公，封地太原。纪睿公侯爵徙居东平，纪泉公侯爵徙居腾州，纪玉公侯爵徙居鲁郡，纪康公以曲周公徙居广平。当衍至东汉七侯稔公第八子萃公时为翰林学士，奉旨疏修黄河，曾聚拢其大部后裔于濮阳，在延光年间族人已有520多口，组成江北蒋氏旺族大家，这是后话。

公元前771年，周幽王十一年，荒废王政，举烽火召诸侯不至，西戎联兵攻破镐京，杀其于骊山，西周遂亡。前770年，春秋纪年始，周平王东迁洛邑，始东周年号。平王次封蒋国于汉阳，再筑都城于期思。此时，获嘉子蒋一支随虢公翰立王子余臣于携，称携王，二王并立，蒋氏族人始因政见不和，分庭抗礼，宗族分裂。十三世德奎公于周桓王时期擢为司徒，家居太原，配安陵王江公女，生子二，寿97岁，卒葬石额山乾陵（今河南商城县东南）。德林公居蒋国，桓公七召不仕，配商国公女，生子肄功。德轨公以侯爵徙居西河。十四世肄功之时汉阳宗国迭遭楚国侵犯，平王十五年以缵绪之功封其为弋阳郡公，封地从汉阳扩大到光州、潢川境。此时山阳凡蒋茅等十二邑已归郑属，周王又将其地分封给苏氏，郑苏从此结怨。前705年十二邑盟、向民众叛郑，郑国会同齐国之兵、卫师，同伐之，周王迫令迁其民于郑，子蒋族人随迁至洛阳。周桓王时，郑伯朝周，王不礼遇，周郑始不和睦。王又擢虢公忌父，周桓公（周公黑肩）二人为左右卿士，分削郑公政权。后因周公黑肩欲杀庄王，欲谋以王子克代之，周庄王问罪斩杀了周公黑肩，王子克惊恐之下投奔南燕蒋城（今河南尉氏西六十里）。肄勋公徙居武城。

十五世彝素公是位书法家，48岁时方出仕，擢为大司徒。周惠王时御封采邑于漆水，娶渠泰伯公女，生子明伦、明道、明远，寿96岁，卒葬光州慧光陵。时逢王室大乱，惠王异母弟颓率五大夫、卫、燕（南燕）之师讨伐，惠王自王城逃奔。边伯、石速等人乘机便在王城扶立王子颓为国王。次二年郑历公出面调解王室纷争，并执南燕之君仲父（周公后裔）。随后郑伯、虢公拥兵斩杀王子颓及五大夫，惠王复政。当时陈、楚等国也崩离动乱，有说彝素公便化名陈完（田敬仲）奔齐国谋职，齐使为工正（掌管百工），后创建田氏齐国，至西汉初年蒋氏田景之族，奉诏迁往陕西杜陵。

十六世明伦公官至大宰，明道公封安西夫子，明远公以公爵徙居上党（今山西长治西北蒋村），至宋朝时北蒋尊奉为潞州蒋氏始迁祖，生子蒋师襄。

十七世师準，颇有勇毅，直言上谏。周襄王时为大司寇，徙居鸣条（今山西运城市东北）。

蒋氏古谱载记，第十七世时汉东蒋国屡遭楚侵，时蒋国便联合郑、陈共同御之不抵，致使国破。此前，楚国已灭弦、黄、蓼、偃等小国。楚穆王时楚国称强，试图北方中原，出兵伐郑地，驻师狼渊（今河南许昌西）。伐取陈壶丘（今河南新蔡东南），到楚庄王时观兵周疆，问鼎中原，意在取而代之。蒋氏族人联合晋、宋、卫、曹四国之师救郑成周，维护疆土。

十八世甄秀公平生志趣以道义为本，年七十二岁仍建义学于东都之门，复设武学于西都之门，公持晚节，教子成功。配荣国公女姜氏，生子蟾宫。寿终92岁，卒葬弋阳古陵（今河南潢川西）。

十九世蟾宫公，人称九头猛将，生就燕额虎头，目闪赤光，甚是勇猛。定王朝时，楚王问鼎，遂知有僭越之心，公集合联军讨之，到简王时楚又伐郑攻陈，公又联合晋齐宋卫等诸侯之师攻楚于汜（今河南襄城），结盟于马陵，因功封弋阳侯。此时恰逢楚都东迁，公复蒋于弋阳。娶夏侯邦女，生四子，继配文意公女，生二子，再配高氏，生子静奕、静夷，后因八子征战有功，灵王均悉赐地封侯。

二十世，静翕公智勇双全，声如雷震，袭弋阳侯，留守蒋国。静奃封期思侯，徙居广陵。静奎封九江侯，徙居海陵。静奇封固始侯，徙居郢都襄陵。静爽封洛阳侯，徙居洛阳。静契封镇平侯，徙居南阳。静奕戎功封西平侯，为汝南西平支，静夷封信阳。

公元前529年，周景王十六年，楚室自乱，灵王猝死，平王弃疾继位，时楚国平安政善，息兵五年，结好四邻，准许陈蔡等国复归其邑，允许被迁徙者回归故土。时蒋氏第二十一世毓芳公景王时官位冢宰，荣封光国公，复蒋于弋阳。配章英公女，生子圣训，卒葬永兴陵。毓蕃公官至司徒，娶腾国公女，生子圣褒。

公元前520年周景王卒，王子朝与悼王争位，攻败王师，悼王告急于晋，晋助王师出兵，讨伐王子朝，后晋师北还，王子朝复势入居王城，自称西王，时子蒋拥护之。悼王仓卒，再立敬王居于狄泉，居王城东，称东王，周王室再起纷争。

公元前516年，周敬王四年，晋赵鞅、知跞率师扶助敬王讨伐王子朝，克巩（今河南巩县西南）敬王还入城周。王子朝及召氏之族，毛伯得、尹成固、南宫嚣等人奉周之典籍奔楚。此间，蒋氏族人为捍卫周朝政权做出努力，也因政见不同，与子蒋产生分歧，付出代价。

二十二世圣褒公官为司徒，徙居安阳古蒋（今河南获嘉西北或安阳市区西蒋村），圣泽居大宁。圣训公官位司空，周敬王时又封辽城郡公，配皇甫勤女，生子简轲，寿终73岁，卒葬凤凰山。据说，圣训公与孔子仲尼，同生同卒，易子教书，异居同契。

二十三世简轲公，字文与，封太丘公，配公冶爵女，生五子，俱受定王敕封曰："太丘贯玉"。简轲时期，天下诸侯崩乱，国家方危。蔡、杞、蒋等周初封国，多为楚惠王所灭。楚国复强，尽取江淮大地。此时，汉阳、弋阳蒋地均失，族人已播迁四方，封赐外邑，或仕于鲁，或家于千乘乐安，时有族人一支迁至固始蒋集。

二十四世祯世公，字世隆，封洛川公，居潦水，统率六师，督掌邦务。配鄞国傅允尧女，生子振鲛、振鲸，寿84岁，卒葬金昌陵（洛阳郏山）。

祯吉字世如，封富平侯，徙居平阳（今山西临汾）。祯祥字世瑞，封武成侯，徙居常山。祯萃字世享，封镇西伯，徙居安西，祯国侯爵徙居信都。

公元前414年，周威烈王十二年，姬姓子蒋，联合武成侯后裔，与白狄共谋在燕、齐、魏隙间，创建中山国。前406年魏文侯使乐羊袭击破中山。前380年周安王二十二年中山又复国，徙都于灵寿（今河北平山境内）。前377年赵再伐中山，战于房子（河北高邑西南）。

二十五世 振鲛公字雷化，周考王擢为少师，配魏文公女，生子运筹、运策，寿87岁，卒葬金昌陵。振鲸公字丘化，周王屡召不仕，隐于蒋国故地。

二十六世，运筹公字必取，是位猛将，周定王二十五年，有义寇犯境，率师出征，众戎皆降，功封平寇侯，配盘号公女，生子绍庞、绍龙。

二十七世，绍庞公字光大，有经世之才，谋出大师，威烈王擢为太师，封邑辽城，配魏文侯女，生子武璁，武玖。寿86岁，卒葬文显陵。绍龙位侯爵退隐不仕（居弋阳故国），绍尌侯爵徙居益津。

二十八世，武璁公字叔宝，周显王时封襄阳侯，配赵简子女，生子元赣、元册。继配榖氏，寿79岁，卒葬惠陵。

武玖公字叔珍，熟习剑术，著兵书十二篇，著阵要略。

武马公字叔良，果敢有谋，封汝南侯。

二十九世，元赣公字章甫，周显王四十二年（前327）仕进太保，配文俊公女，生子庚詹、庚余。寿92岁，卒葬太和陵。元魁以侯爵徙居上谷，园圉以侯爵徙居汝陶，元冉襄阳侯居谷城。元册公字明甫，齐国邹衍公纳为婿，荐齐国大夫未仕，显王时拜为少师。

公元前367年，周显王二年，楚宣王三年，韩赵两家再次分裂周朝王权，因西周桓公后裔公子根与太子朝争立国位，韩赵助公子根叛立于巩，以奉王（显王）至居成周，王畿七城，实东周国之政事。太子朝拥有榖城、侯氏、王城为西周国，周朝政事再次一分为二，史称“东周”、“西周”。

此时子蒋维护西周于王城，其族人居洛阳西，后来迁徙晋中地区蒋谷（今山西太谷北，后散居山西、陕西一带），由于周王室政乱，蒋族再起纷争，楚宣王一鼓作气，乘机灭除弋阳蒋国（光州潢川一带）。

三十世庚詹公字尹正，时罹周赧王徙都，秦楚之变，举族遂迁徙于山东乐安。丁未元年（前314）周赧王亲至祀周公祖庙，列伯龄公享之。御书“尊祖重本”于门额，立“乐安”舫于此地，敕封庚詹公为乐安郡公。乐安郡在今山东广饶一带，为蒋氏郡望之地，历史上蒋氏族人繁衍荣盛，形成郡望大家。

庚詹公配秦孝公女，生子鼎峙、鼎峃。寿72岁，卒葬乐安贝丘陵。

庚余公字永孚，精明易理天文，周显王时召为史官。庚寿公以侯爵徙居汝荫。

三十一世鼎峙公，字永安，生而神异，能辨阴阳，慎靓王四年江河尘裂，王祷于萁南，旬日无雨，乃召公设坛行礼，未几骤雨盈尺，王大喜拜为灵公。娶公孙鞅女，生四子仕周为公侯。鼎峃公，骁勇驰誉西番，功封登封侯，独不归朝，后形成西域蒋氏一支。

三十二世呈瑞公，赧王时官拜为相，内辅政务。呈采公为太保，配东毅公女，生子祚冀，祚赞。呈能公徙封维杨公居江都。

三十三世，祚冀公字明谨，周赧王时擢为大司马。祚赞公以侯爵徙居汝州，祚建公以侯爵徙居房子国。

三十四世，迁台公字大用，官位大司徒，配赵相蔺相如女，生子宗翰、宗朝、宗干。战国末期，巡防辽东，出使东国（今朝鲜、韩国），后隐居东北境内，有族人分居南阳一带。

迁衡公字大中，为将受命伐秦被执，秦欲爵之不受，秦迁东周君于阳人聚（今河南临汝西北）时随君隐居，配鲁郢公女，生子宗周、宗镐、宗鲁。宗周公在汉高祖时，功封摘秦侯，参阅世本，修纂蒋氏太宗世谱，名载史册。

公元前247年周赧王十年，赵武灵王攻伐中山国，中山畏敬献四邑请和罢兵。到前243年赵再次举兵伐中山，中山君溃奔齐地。公元前238年，中山国灭，迁其君主王室成员于肤施（今陕西米脂西北），据说有蒋姓族人改为李姓。秦攻西周国，取河南，尽献其邑三十六，丁三万口谪迁西周君于惮狐（今河南临汝西北），西周遂亡。东周赧王卒，周泯东亡。秦夺取国籍典史，九鼎宝器。虽说此时东周君尚存，则不再称王，史家遂以秦王纪年。

至此，东西周皆入秦，周始不祀，秦取天下周之故土，始制郡县，建三川郡于今洛阳市东北。蒋国袭封地，扩国土，先后有687年历史至此结束，蒋国人物不再仕周，族人播迁大江南北，雄关内外，先后分支全国五十七处，形成多处郡望之家。千年后的今天蒋姓，是中国百家大姓之一，序占中国姓氏第39位，人口达600多万。中华蒋氏正在为创建中华文明，构建和谐社会，发展人类文明史做出贡献。

蒋姓渊源

文 汇*

蒋氏出自姬姓，源于河南淮滨县，是用国名作为姓氏的。西周初年，周公姬旦第三子伯龄被封到蒋，建立蒋国，为周朝的一个小国，后来蒋国被楚国所灭，伯龄的后代就用原来的国名作为姓氏。此即《元和姓纂》记载的“周公第三子伯龄封蒋，子孙氏焉，国在汝南期思县”。期思县系春秋楚灭蒋国后置，因期思公复遂得名，治所在今河南淮滨县城东南15公里的期思镇一带，系1952年从固始县析出，因此，有的书上称蒋姓起源于固始。《唐书·宰相世系》也记有“蒋氏出自姬姓。周公第三子伯龄封于蒋……为强国所灭，子孙因以为氏”。其他如《古今姓氏书辩证》、《姓氏急就篇》、《通志·氏族略》诸书都有相同的记载。

关于蒋国故城的地理位置，古书上早有明确记载，如杜预《左传》注：“蒋在弋阳期思县。”《水经注·淮水篇》云：“（淮水）又东北过期思县北，县故蒋国，周公之后。”当代考古工作者考证，在淮滨县城东南15公里白露河和淮河汇流处中间偏南地带，故城北靠死河，这条小河由北向南至古城下折向东去。死河以西为岗地，死河以东为湾地，城址便是坐落在东、南、北三面湾地包围的一片岗地上。城址呈长方形，东西长1700米，南北宽400至500米，城北面靠死河的台地与城内地面相平，已无城址。其余三面城

* 文 汇，女，信阳市史志研究室。

墙断断续续，墙高2至3米，底宽32米左右。在城址内采集到的有石镰和商周时期的陶器，有西周、春秋、战国时期的铜镞，有春秋、战国时的铜剑、铜矛，有汉代的石印章、唐代的铜镜，还发现有战国时期的陶井圈；而发现最多的是春秋战国时期的楚国货币——蚁鼻钱。综上所述，源于蒋国的姓——蒋，根在河南，始祖为周公旦的第三个儿子伯龄，这是确凿无疑的。

楚灭蒋后，蒋族分出数支外迁。一支迁往贵州东部。唐大历五年（770年）于此处置蒋州；又一支于东汉末年迁往山东东莱郡，三国时期曹魏的蒋济即其后裔；另一支南迁湖南湘乡，三国时蜀国的蒋琬即其后裔；还有一支于南朝宋时迁往义阳阳羡（今江苏宜兴县），如《唐书·宰相世系》指出："汉有蒋诩，十世孙休，自乐安徙义阳羡县。"蒋诩的子孙还有渡江散处各地的，有的迁往浙江奉化一带。迁往奉化的，还有后天台、武岭的蒋氏。据《蒋氏宗谱》载，东汉建武年间，蒋横佐光武帝刘秀讨赤眉有功，升为大将军，封逡道侯，后遭谗害，其九个儿子避难四方，待帝省悟后，九子皆随地封侯，分别是：公华侯颖，会稽侯郑，临江侯川，临湖侯曜，临苏侯浙，浦亭侯巡，九江侯稔，云阳侯默，函亭侯澄。唐初，固始人陈政、陈元光入闽开漳，所率领将佐、军校、兵士、眷属有蒋氏者，后繁衍于漳州、泉州、潮州、福州等地区，还有移居台湾的。总之，在唐代之前，蒋氏已逐渐由河南发展迁徙到贵州、山东、湖南、四川、江苏、浙江、福建、山西等地。明清之际，蒋氏族人已遍布全国各地。

蒋姓在历史上出过许多知名人物。汉有刺史蒋诩，以廉直著称。三国有蒋琬，北魏有蒋少游，唐代有宰相蒋伸，宋代有诗人蒋璨及词人蒋捷，清代有戏曲家蒋士铨等等。近代以来，蒋姓名人主要有蒋诩武、蒋百里、蒋先云等。此外，蒋介石曾任南京国民政府主席、军事委员会委员长等职。

除上述外，蒋姓现代名人尚有：蒋光慈，安徽六安人，现代著名革命文学作家。蒋作宾，湖北应城人，曾任国民政府委员，驻德、日公使，内政部长、安徽省主席等职。蒋鸿遇，河北固安人，曾随冯玉祥发动北京政变，后任西北军第七军军长。蒋鼎文，浙江诸暨人，蒋介石的嫡系将领，官至中央执行委员、西安行营主任兼第十战区司令长官、陕西省主席、第一战区司令长官等。

按占全国人口多少计算，蒋姓在中国最常见的100个姓氏中被排列在第43位。就河南范围内看，蒋姓多居信阳地区，该地区各县市均有蒋氏后人，尤以固始县蒋集乡居多。

蒋氏发源地与期思古蒋国

许竟成*

一

期思，其地在淮河西部南沿，《山海经·海内东经》于“汝水入淮”下记载：“淮在期思北。”期思建县，早在春秋中期。《左传·文公十年》载：“期思公复遂为右司马。”晋代杜预注：春秋时，楚君自称王，其“县邑大夫僭称公”。《左传·宣公十一年》楚庄王语，“诸侯、县公皆庆寡人”。春秋战国时期，这一带有雩娄、潘、蓼、蒋、弦、黄等诸侯国，这些诸侯国唯蒋较大，为“伯”爵。到楚穆王四年（前622年），这些诸侯国陆续灭于楚，楚以蒋都治所建期思县，县领雩娄、潘、蒋诸国地及蓼、弦、黄诸国部分地。《淮南子·人间训》记载：“孙叔敖决期思之水，而灌雩娄之野，庄王知其可以为令尹也。”表明雩娄邑也属期思县地。雩娄，位于大别山北部山区及丘陵地带，地势较高；蒋国位于白露河、淮河之间，地势相对低洼。孙叔敖“决期思之水，而灌雩娄之野”，不是决白露河、淮河之水，去灌溉南面上部的“雩娄之野”而是在期思县境上部高处决开河岸，引水灌溉雩娄山区下面的平原。由此可知，春秋期思县之大，南至大别山北麓。秦汉时，期思县域划小，与寝丘（古藩国）县同属汝南郡。东汉，县更名固

* 许竟成，固始县史志研究室。

始。延熹三年（160年），固始、期思两县令共建楚相孙叔敖庙于期思县城南，刻石立碑，铭记固始与期思“临县一载，志在惠康”，孙叔敖功德泽惠两县民众。东晋至南北朝，期思县时置时废。至唐，期思县地并入固始。新中国成立后，建立淮滨县，期思划入淮滨，现为期思镇。

二

古蒋国设于西周初。武王、成王时分封诸侯，周公一子受封于蒋。《左传·僖公二十四年》记：“凡、蒋、邢、茅、胙、祭，周公之胤也。”其中“蒋”，就是周公第三子“伯龄”所封之“蒋国”。穆王元年（前625年）后，蒋国灭于楚，楚建期思邑。《汉书·地理志》汝南郡“期思有蒋乡，故蒋国”，此为晋司马彪原注。晋司马彪、杜预及唐颜师古俱言“期思有蒋乡，故蒋国”；后世有的辞书与姓氏著述者，谓“蒋”之“蒋国”或在仙居（今光山县境），或谓今固始县蒋集，实未深考。两汉时，汝南郡之期思与固始并存，县域区划不混。明代《固始县志》记载：期思在固始城西北70里，蒋家埠在固始东北40里，二者相去较远。《汉书·地理志》说的“期思有蒋乡”，是说汉代的期思县有蒋乡，即古蒋国灭后邑地易为乡，而不是指他县有蒋乡。今固始县蒋集，地在淮河支流史灌河东岸，其地不属期思县，至今也未发现有古城遗址。期思有古蒋国遗址，即今期思镇政府所在地，在今淮滨县东南15公里处，北有淮河，南有淮河支流白露河，城池遗址地处冈地，在白露河支流水湾，由南至东、至北，三面环水，水今名“思河”。今期思镇政府院有汉代修建的楚相孙叔敖庙遗址。古蒋国城遗址呈长方形，东西长1700米，南北宽500米，基宽32米，垣为夯土垒筑，残存1~3米。在这儿出土有新石器、商周时期陶器与青铜器、春秋战国时期镞剑矛及楚国货币等。“蒋国故城”现为河南省文物保护单位。

期思古蒋国遗址，有蒋伯龄墓葬。据《邒亭蒋氏族谱》载：一世祖伯龄薨“敕封都万寿陵”。封都即蒋国都城；万寿陵，当是今遗址城东南古墓群之大陵。

三

唐《元和姓纂》、《新唐书·宰相世系表》、宋郑樵《通志·氏族略》及睢阳《蒋氏前谱·（宋人）诸序》等，皆称“蒋”是“以国为氏”。蒋国都邑，地在汉代期思县，今淮滨县期思镇。今期思镇，是蒋氏发源地。蒋国始君为周公第三子伯龄。“伯者”，为爵位之称。出自黄帝氏族，是后稷之裔。伯龄公衍世系，睢阳《蒋氏家谱·蒋氏系出姬姓考》称：“伯龄二十三世简，国并于楚。”至东汉初，太尉、大将军、浚遒侯蒋横遭谗，九子散逸四方。冤平，九子随地封侯，开九侯支系。据《邒亭蒋氏宗谱》记称：蒋氏自伯龄至九侯，为48世，九侯澄公下又记有32世至唐末，80世代，著“期思世谱”世系，较为完整。

周蒋国和蒋姓源流考辨

尤新峰*

西周蒋国故城遗址就在淮滨县的期思镇，蒋姓以国为姓，祖根地就在期思。

蒋国是周代小国之一，据《左传》二十年载富辰语："周公弓二叔不咸，故封建亲戚以藩屏周……凡、蒋、刑、茅、胙、祭周公之胤也。"《左传》襄公十二年杜预注："六国皆周公之支子，别封为国，共祖周公。"《史记·鲁周公世家》司马贞《索隐》曰："周公之子就封于鲁，次子相王室，代为周公，其余食小国者六人，凡、蒋、刑、茅、胙、祭也。"据此，蒋国是周公之子别封立国，为姬姓诸侯，是周室的宗亲。

根据徐少华《周代南土历史地理与文化》一书的研究，蒋国传世的铜器有两件，"蒋子爵"和"蟗兑簋"。吴其昌在《金文世族谱》（卷二）曰："金文中但有蒋氏，无蟗氏。'蟗'是正文，'将'是省文，'蒋'是后起之字。蒋即是姬姓蒋国之蒋。"于省吾先生亦释'蒋'即《诗》的"我将我享"之故文，台湾学者陈梨先生同意吴其昌之说释蒋为蒋，并举《史记》鲁哀公名将，而《世本》作蒋之例证此说应当可信。蒋子爵，从形制、纹饰和铭文风格看，当属西周早期器物，"子"应是馀子、庶子之类，蟗兑簋，是蟗兑为其祖、父所作的祭器。吴其昌先生说蟗即是蒋国之蒋，我认为

* 尤新峰，淮滨县广新局。

是非常正确的，但说“蒋”是后起之字，我不赞成。许慎在《说文解字》中释蒋为：“蒋，苽蒋也，从草，将声，子良切，又即两切。”释苽：“苽，雕苽，一名蒋，从草，瓜声，古胡切”。苽同菰，多年生草本植物。生长在池沼里，花单性，紫红色，嫩茎的基部系种菌寄生后膨大，做蔬菜吃叫茭白。期思当地叫茭苽，光山县一带俗称水黄瓜。许慎的《说文解字》成书于东汉建光元年（公元121年）距蒋国存在的年代不远，从《说文解字》里我们得到这样的信息：即蒋和附近的蔡国、蓼国一样，封国之初都是以当地的植物来命名的。《说文解字》释蓼：“辛莱，蔷虞也。”释蔡：“草也，从也，祭声。”蒋、蓼、蔡等国以植物产命名地名是我国的传统习惯。蒋氏先人在蒋下加鼎为鬻字，应该是在铜器或旗帜上标志的氏族徽号。这个徽号既保留了蒋字的读音又有鼎这个国家的象征。先有封国及其名称，而后才有铜器。由此可见，鬻字才是在蒋字的基础上新的后起之字。因为用于铜器或旗帜的徽识性，所以只能在铜器上出现，而没有出现在史书上。

蒋国的封国时间有两种说法，一是按《左传》说“周公公二叔不咸，故封建亲戚以藩屏周”，笼统地把诸国之封定在周公东征平管蔡之乱后。另一说是周公诸子只有鲁国封于东征之后，其他六国未必是周公在世时所封。《汉书·王莽传》说：“成王广封周公庶子六人，皆有茅士。”可见凡、蒋等六国都是成王时的封建，应在周公死后的成王后期。无论是周公时还是成王时，蒋国封国的时间都应该大约在公元前十世纪左右，至公元前617年楚穆王灭蒋，蒋国有400余年历史。《左传》文公十年记楚穆王出猎，期思公复遂为右司马，杜预注：“期思邑公”，复遂很可能就是楚国的第一任期思县公。

关于蒋国地望，史书都有记载。《汉书·地理志》汝南郡期思县下，颜师古注“故蒋国”，认为西汉期思县即蒋国故地。《左传》杜预注也说：“蒋在弋阳期思县。”《水经注·淮水》载：“……淮水又东北，过期思县北，县故蒋国，周公之后。”蒋国的地望就是期思，这是毋庸置疑的。清康熙二十六年的固始县令杨汝楫在其《期思景贤义学记》中云：“期思，古蒋乡也，周属荆，元公三子伯龄封于蒋，盖即其遗地云。庄王之霸也，欲封孙叔敖子侨，侨以潘国下湿硗角，父命也，庄王赐焉，是为寝丘。《史纪正义》曰，‘寝丘，土寝薄也，潘即寝，义取诸此。’后或分寝与期思为县，或合寝与期思为州，则期思为古封邑久矣。”《中国古今地名大辞典》载：“蒋，周国名，姬姓，灭于楚，即今可河南固始县东之蒋乡。（左传僖公二十四年）凡、蒋、刑、茅、胙、祭周公之胤也。杜注：蒋在弋阳期思县，（文公十年），期思、杜注云古蒋国，楚灭之。又今尉氏县西六十里亦有蒋城，或亦谓即古蒋国。”该地名条基本上点明了蒋的地望就是期思，但其中有两点值得研究。一是说蒋乡在固始东，方位上有问题，班固《汉书》，司马彪《续汉书郡国志》明确记载：“汝南郡其思有蒋乡，古蒋国。”固始东有蒋乡的记载见于《大明一统志》时代较晚，但只说有蒋思乡而不是蒋国。蒋乡顾名思义，是蒋国的故乡，先有蒋国然后有蒋乡。史书典籍已明确记载期思就是古蒋国。所以蒋乡应该在固始西北，而不是固始东。有人据此说蒋国在固始东的蒋集，这是不负责任的说法。蒋集在《中国古今地名大辞典》中称蒋家集，并没有说它是蒋国故地。蒋家集见于史书的年代并不早，从名称上看显然是蒋氏后人居住而形成的聚落。二是说尉氏西六十里亦有蒋城或亦谓即古蒋国。有人据此认为蒋的封国初始应在尉氏蒋城，理由是为了拱卫周王朝，不可能封在淮河南那么远，期思的蒋应该是后来迁徙的蒋，这个理由也站不住脚。其一，姬姓的蔡、沈、息、蓼等国都封在淮域，紧邻期思。其二，作为姬姓的蒋国，如果有迁徙的事件，历史上不可能没有任何信息。倒是蒋被楚所灭之后作为姬姓的郑可能为同姓的蒋提供地盘作为立脚之地以图复国。当然，这只是一种推测，尉氏的蒋城史料记载很少，只见于宋朝的《寰宇记》，年代较晚，我们还无法搞清尉氏蒋城的来历。《中国古今地名大辞典》的作者采取了实事求是的态度，在不能确定史实的情况下，把各条记载如实的记录在词条之内，只是提出了疑问，供后来者考证研究。也有人把蒋国之封说在仙居县的，其实是对汉轪县、南北朝宋置乐安县，按乐安县古时有四处，汉置在山东，三国吴置在江西，晋置在浙江，南北朝宋置在今光山县西之仙居店。《中国古今地名大辞典》载："乐安县、汉轪县地，南北朝宋以豫部蛮民置安乐安县，唐改曰仙居县。"《元和郡县图志》载："本汉驮、县春秋时弦国，楚灭之，汉以为县，属江夏郡，至宋（南北朝）分立乐安县，天宝元年改为仙居县，县西有仙居山因以为名。"这些是关于安乐县至仙居县之间的历史沿革，史书已明载其汉为轪县地，春秋为弦国地，与蒋国无关。那么宋朝改乐安县居地为期思又是怎么回事呢？其实南宋之初仙居县已经省去，不复存在，改称期思的是光山县，《中国古今地名大辞典》载："光山县、春秋弦国地，南朝宋以豫部蛮民置光城县，隋置光山县，宋改曰期思，寻复故，后废，元复置，清属河南光州今属河南汝阳道。"由此可见，南北朝宋时的光城县和乐安县仍然并存，两县之地都属于汉朝的轪县地，春秋的弦国地。南宋初渡之时仙居县省去并入光山。光山县改称期思县后同属南宋的期思县。由于对这段沿革不清楚，《武岭蒋氏族谱》引《通志氏族略》说："蒋氏，周公第三子伯龄所封之国也，杜预云弋阳期思县是，按宋改为乐安，今光州仙居是也。"其实，仙居县也好乐安县也好，都与蒋国所封的期思风马牛不相及。蒋氏各谱所载蒋横居的乐安是汉朝置于山东的乐安县，而不是南北朝刘宋所置唐改为仙居县的乐安县。《睢阳蒋氏族谱》在姓氏考中说的很正确："按吾蒋氏姬姓也，周公第三子伯龄封侯，（左传富辰所为凡、蒋、刑、茅、胙、祭周公之胤也云云，又见前汉书人物表，新唐书宰相蒋伸世系表）国在期思，（期思今为聚名，古蒋，春秋名期思，又名寝丘，孙叔敖埋蛇处也，在今固始县西北七十里）。"这里所说的期思正是今天淮滨县境的期思蒋国古城。蒋氏各谱所载的蒋十九世孙蟾宫始居弋阳则不可信，从今天的期思古城位置看，古城为岗地，国都被水淹的可能性根本不存在。如迁徙弋阳隋唐时的乐安、仙居一带，可能与楚国春秋时的灭国移民有关。弋阳一带古为弦国，公元前655年灭于楚，至公元前617年楚灭蒋已有30年左右。楚灭蒋迁蒋人于弦很有可能，据史载被楚所迁的小国就有罗、申、吕、许、赖、番、顿、蔡等，但并未见有迁蒋的记载，这也是一种预测。蒋和期思在历史上都有很大的影响，常被用来封爵或用作地名。以蒋为例，如唐太宗时以功封屈突通为蒋王，封梁王李登的孙子李怀让为蒋国公，南宋绍兴二十八年，宋高宗赵构改光州为蒋州。以期思之名，如楚为期思邑，汉为期思县，西汉贲赫以告淮南王谋反有功封期思候，东汉臧宫以军功封期思候，唐开元年间又追赠孔门弟子公祖勾兹为期思伯。南宋初，宋高宗在改光州为蒋州时就把光山县改称期思县。唐天宝十五年的《蒋氏大宗碑记》对蒋集、仙居、尉氏诸说给予了彻底否定，大宗碑记道："昔者周公正天地之纪，立君臣之度，朝诸侯于明堂，复宝命元子，于是旌之车服，锡之山川，虽名上公之位号，实用王者之礼乐，然犹大録丰功优命诸子，宅鲁侯于曲阜，城蒋国于期思，父拜于前，子拜于后，得姓之始斯非盛欤，是以再见春秋，永为藩辅，受介圭而作瑞，分宝玉而展亲，备物典策，异姓为后，南面而享国者十有余世。”对蒋的起源和地望作了详细的综述。1984年第二次全国文物普查时，蒋国故城遗址在河南省淮滨县期思县期思镇被发现。作为蒋国古都的期思古城距河南省淮滨县城东南十五公里，位于淮河和白鹭河之间偏南地带，古城北靠期思河，南临方家湖，南下白鹭河为十里草湖，处于三面湾地包围的岗地，古城平面呈长方形，东西长约1700米，南北长约500米，城址残高1–3米，烽火台残高7–8米。近年来，古城内外不断出土铜戈、铜矛、铜剑、铜鼎和铜壶等春秋战国器物，城墙址中下层暴露出来的遗址具有明显的商周文化特征。如今期思的蒋国故城遗址被河南省人民政府公布为文物保护单位。

在起源上，蒋姓源于姬姓，是西周皇族的宗亲。史载文王二子周公姬旦的第三个儿子伯龄成王时受封于蒋建立蒋国。蒋国被强楚攻灭之后，子孙以国为姓，是为蒋姓。《唐书·宰相世系》记有“蒋氏出自姬姓，周公第三子伯龄封于蒋……为楚所灭，子孙因以为氏”。《通氏·氏族略》等书都有相同的记载。《氏族谱系》载：“周公第三子伯龄封于蒋，子孙氏焉，国在汝南期思县。”今存之《丏亭蒋氏族谱》在期思传信堂始祖源流总世系中记载：“（周）公有大勋立于太庙，封鲁国公，谥曰文。封我祖为汉阳蒋国公于期思，子孙因以为氏。配齐国姜文公女生子二，曰本立，曰本道。寿八十二，生于武王已卯，薨于昭王十二年庚子，谥曰正敕，葬封都万寿陵。”伯龄死后，其子本立被康王召拜为相，让国于弟本道，本道以蒋氏改封汉国公。《丏亭蒋氏族谱》对蒋姓期思世谱从一世伯龄至八十世唐开成年间的蒋诚都进行了详细记载。楚灭蒋后，蒋族分出数支外迁，一支往贵州东部，唐大历五年（公元770年）于此地置蒋州；又一支往山东东莱郡，三国时曹魏的蒋济即其后裔；又裔支南迁湖南湘乡，三国时蜀国的蒋琬即其后裔；还有一支于南朝宋时迁往义阳羡县（今江苏宜兴），《唐书·宰相世系》载："汉有蒋诩，十世孙休，自乐安徙义阳羡县。"这里所说的乐安就是汉置山东乐安县。蒋诩的子孙以后不少渡江南下，散居于江南各地，即今江苏、浙江一带，如湖州、奉化、后天台、武岭等，据《蒋氏宗谱》载，东汉建武年间，蒋横佐光武帝讨赤眉有功，升为大将军，封逡道侯，后遭残害，其九个儿子避难四方，待帝省悟后，皆随地封候：即公华侯颖、会稽侯郑、临江侯川、临湖侯曜、临苏侯浙、浦亭侯巡、九江侯稔、云阳侯默、丏亭侯澄。唐初，固始人陈政、陈元光入闽漳，所率将佐、军校兵士、眷属有蒋氏者，后繁衍于漳州、泉州、福州、莆仙等地，还有移居至台湾的。总之在唐代之前蒋氏已逐渐由中原发展迁徙到贵州、山东、湖南、四川、江苏、浙江、福建、山西、陕西、安徽等地。明清之际，蒋氏族人已遍布全国各地。蒋姓在历史上名人辈出。汉有刺史蒋诩，以清廉正直名世。三国有政治家蒋琬，诸葛亮称其为"社稷之器"，诸葛亮死后，蒋琬在蜀问政，官拜大将军，录尚书事。北魏有画家蒋少游，唐代有宰相蒋伸，侍郎蒋凝、文学家蒋防。宋有诗人、书法家蒋璨，词人蒋捷。明有福建农民义军首领蒋福成。清有戏曲家、文学家蒋士铨，与袁枚、赵翼并称"江右三大家"。近代以来，有武昌起义总指挥、民主革命蒋翊武，有蒋介石、蒋经国父子，有率十九路军进行淞沪抗战的著名将领蒋光鼐。

按全国人口统计，蒋姓在100个常见姓中排序在43位，在河南蒋姓多数居于信阳居于信阳地区，信阳辖各县区都有蒋氏后人。

中国姓氏文化简论

蒋泷峰*

一、概述

中国姓氏文化（china surname cultural）面临的时代背景。

当今社会，全球一体，经济发展，信息流通，网络连接，文化交融，势不可挡！

改革开放，打开了中华大地自我封闭或半封闭数千年的国门，结束了中国几千年来一贯奉行的封建政治权力终身制，为中华民族走向世界奠定了坚实的基础，为国家法制建设、人民民主专政、公民道德建设、人人安居乐业、民族经济繁荣、国家富强、人民富裕、科学发展观等的形成奠定了坚固的基石。

中华民族要想屹立于世界民族之林，在充分吸取外来优秀文化的同时，必须保持和发扬具有本民族特色的中华传统优秀文化。伴随着共和国第四代领导核心的高瞻远瞩，政府明确突出了继承和发扬中华传统文化，和谐社会，和谐发展的大政方针。2008年以来，国家更是把“清明、端午和中秋”这几个民族传统节日定为国家法定休假日，自此，中国传统文化（姓氏文化）的研究和发展进入了一个崭新的时期。

时至今日，众多的政府组织、社会团体、公司企业、文化机构纷纷推出以中国传统文化为特色的公益性讲座、经典诵读、国学培

---

* 蒋泷峰，重庆市百家姓文化交流协会。

训……

但是，我们在认识社会和传承我民族优秀文化的时候，有必要解读我们人类本身和社会发展的基本规律。我们必须正视我们每个人与生俱来所拥有的人性本质特征：一是自私的自然属性，自利的社会属性这一人类本质；二是向上、向前、向善的人类本性；三是趋善避恶、趋乐避苦、趋利避害、趋荣避辱、趋吉避凶的人类天性。

现在，让我们一起来回首人类文明的历程来认识人类社会的发展规律，可以发现我们人类社会已经经历了三个时期，那就是血缘利益集团时期，民族利益集团时期以及政治利益集团时期。

所谓的血缘利益集团，就是人类以血缘为枢纽集合成的利益团体，这是人类生产力最为低下的时候选择的最为简单可靠的组织方式，这个时期是血缘至上。

接下来的民族利益集团时期，事实上是血缘集团的一种深化，在这个时期人类按照自己的生活习惯、风俗以及预言和文化来分割各自的组织，这个时期是民族至上。无论是西欧人对腓尼基人还是对阿拉伯人的战争，以及汉族和满族或与匈奴之间的战争，说到底都是民族之间的冲突。

再就是政治利益集团时期，通俗地说，就是国家利益集团时期，自从六百年前西欧产生了现代国家这个概念开始，人类文明就进入了政治利益集团时期，也正是从这个时候开始，国家开始成为了最高的权力象征，血缘或者民族都要低于国家，国家成为了世界上最大的利益集团单位。而各国之间的冲突成为了世界上最大的冲突形式。

时至今日，从现在开始，人类社会实质上已经开始进入了人类文明的第四个时期，那就是经济利益集团时期。很简单，血缘至上的时期就是血缘利益集团时期，民族至上的时期就是民族利益集团时期，政治至上的时期就是政治利益集团时期。但是商品经济发展到今时今日，当今世界已经迈入一个新的历史时期——经济利益集团时期。

长期以来，随着越来越多的跨国公司的产生，伴随着企业独具个性的企业文化，使其已成为不是国家的独立王国。经济利益集团也不再只是附属在国家这个政治机器上的皮毛那么简单了，它已经自成体系。相对于这些生机勃勃的经济利益集团，譬如跨国公司来说，国家只是其依托，而很多国家反而依托各个经济利益集团，支持其为经济利益在全球的扩张，这就标志着一个新的历史时期的到来——经济利益集团时期。

通过以上人类的历程我们不难看出这样的人类社会发展规律：血缘 ==> 民族 ==> 政治 ==> 经济，其中血缘关系是基础的基础。

根据这个规律，让我们把目光穿越历史时空，不光看到我们身边，还看到整个世界——古今中外，现代的全球500强，绝大多数企业，最有生命力的企业居然都是家族企业发展起来的，他们许多都经过了百年、乃至几百年的历史，从最初的个人创业的同时不间断地吸收家族和企业骨干，发展到家族子孙参股、控股，每一代都与企业的骨干联姻，赠送或奖励股份给每一代的骨干等方式形成了超然的利益共同体——家族性控股和参股的企业集团。而我们来看看我们身边的很多企业，不是以人口多人才基数大的家族为单位发展，而是以一家一姓为单位发展，其狭隘的利益模式严重地阻碍了人才的吸收，如果儿子（女儿）、孙子和孙女（外孙）不善经营管理（可能是纨绔子弟），企业就会走进死亡的坟墓，让我们那些长眠于地下的创业者们死不瞑目。难道，我们的企业家们愿意在地下看着你的后代败光你的事业，难道我们真的逃不出富贵不过三代的宿命吗？

我们回顾人类所有的争端和战争，都以民族为单位完成征服和被征服。无论是西欧人对腓尼基人还是对阿拉伯人的战争，以及汉族和满族或与匈奴之间的战争，近代苏联、东欧的解体，还是巴勒斯坦地区，非洲国家的战争，说到底都是民族之间的利益导致的国家冲突。

在世界人类社会发展历史上，为什么很多民族连同本民族的文化一起消亡了，其原因不外乎有两点，一是因自然灾难和战争从肉体上根本消亡；二是被其它民族融合而消失。因此，随着现代社会的发展，用战争的手段来达到获取利益的野蛮方式已经不再可取，取而代之是用经济和文化来慢慢地侵蚀以获取利益的方式更为有效。可以这样说，在现代社会，消亡一个民族最好的方法就是控制它的经济命脉，并在奴役这个民族的同时用另一种文化来替代其民族文化。

因此，复兴中国传统文化，尤其是弘扬作为民族特色文化基础的姓氏文化来迎接中华民族的伟大复兴，让华夏民族永远屹立于世界民族之林已成为必然。所以，当我们明白了这些，我们就不难理解为什么我们的国学大师、北大资深教授季羡林曾经说过“个人的生命只有和民族的命运融合在一起才有价值，离开民族大业的个人追求，总是渺小的”这样一句话了。

如果我们说国家是一个人体的话，那么家庭就是细胞。但细胞和整个人体之间似乎还缺乏一个东西，那就是构成人体各职能的系统，如呼吸系统、泌尿系统、消化系统等。而各姓氏家族就是国家与家庭之间的纽带，就如人体中的各职能系统。

有姓氏而家庭，有家庭而家族，有家族而形成家族文化与家族精神。一姓有一姓之个性，一家族有一家族之传统，基因所在，教育所养。姓氏文化乃是中国民俗传统文化之缩影，在姓氏文化里，我们可以读到政治、经济、教育、道德，又可以读到祖先之生存状态、处世哲理、价值观念，还可以读到本族吾民之生灭盛衰、悲欢离合，可以增强民族自尊心和自豪感，从中受到教育和启发。

二、基本定义和内涵

中国姓氏文化（china surname cultural），是指包括姓氏、姓名、宗族、宗谱、宗祠、清明会等内容的一种传统民俗和文化现象。

姓氏和姓名

姓，即表明家庭系统的字。姓氏，在古代姓和氏是有区别的，氏从姓分出，后来，姓和氏就不分了，姓氏可以混用。姓氏，是家庭的标志、种族的徽章。姓氏，能明血缘、别婚姻，起着人类优生优育、提高人口素质、推进人类文明进步的作用。通过姓氏，我们能知道自己肉体、心灵、生理的由来和血脉传承，从而使自己不至于太昧于自己的短暂人生。“参天之木，必有其根，环山之水，必有其源”，是谓寻根；“草木祖根，山祖昆仑，江河祖海”，是谓问祖。寻根问祖，既是为祀祖尊宗，求得祖先佑护，也是明白我们自身，传承祖德、光宗耀祖。我们与祖先血脉相连，祖先曾经的苦难与辉煌，一定会通过血脉，流传到我们现在。

宗族和宗谱

宗族，是同一姓氏的父系血统形成的家族。宗谱，又称家谱、族谱，是记载同一父系家族世系和事迹为主的表册或书籍。古语说：“家之谱犹国之史，史不作无以知一代之圣哲；谱不叙无以知一姓之英奇。”宗谱是一种特殊的历史文献，就其内容而言，又是中国五千年文明史中最具有平民特色的文献。主要记载的是同宗共祖血缘、历史沿革、世系繁衍、人口婚姻、居住迁徙、家庭成员在科举制度、官封名溢等政治生活中的地位作用和事迹，为家庭的管理教化而制定的族规家法等制度，内容十分丰富，各有特色。家谱是记载同宗同祖的血缘集团，世系人物和事迹等方面情况的历史图谱，它与方志、正史构成了中华民族历史大厦的三大支柱，是我国珍贵文化遗产的一部分。

宗祠与清明会

宗祠，即同一父系家庭共同祭祀祖先，讨论宗族事务和教育后代的房屋场所；清明会，即同一父系家庭在清明节召开的代表会或全体成员会。

宗祠，又称祠堂，是建在宗族基础上的一个载体，不仅是陈列祖宗牌位的场所，同时还是继承和弘扬忠贞爱国、为国家为民族英勇献身精神的场所，也是继承优秀的政治格言、家训和族规的场所，这些祠堂文化的传播有利于提高国民道德修养和素质。祠堂的首要功能是祭祀祖先，通过祭祖来敬宗收族，弘扬中华民族崇拜祖宗和孝道为第一人品思想，维护和发展宗族统治的目的，像设私塾、置义田、修族谱，这些都是通过祠堂来完成的。宗祠，源于汉代，盛于清代，祠堂也被称为家庙，过去是非常多的，可以说，我国的宗祠，比西方的教堂多得多，在每一个县城内，绝大多数姓氏都有一个祠堂，作为共同祭祀祖先、诉说家事的一种场所。

清明会，是同宗家庭在清明节搞的一次活动，有祠堂的祠堂开，没有祠堂的选定地方开。清明节，是中国人的传统祭祖扫墓日。尤其是2008年起，我们国家把这一天定为法定休假日，党和国家的重视，更激发了广大人民群众敬祖尊宗热情。以重庆渝北龙兴镇为例，固定的就有50多家姓氏宗族每年召开清明会（少的吃饭10

多桌，多的百桌以上），开展各种形式的祭祖活动。90%以上家庭为祖先扫墓，城市家庭到农村、公墓祭祖扫墓的人相当多，这一天，重庆的各条高速公路和乡村道路人来人往、热闹非凡。

姓氏文化的是与非

对于姓氏文化，过去一度时期，特别是“文化大革命”中，由于极左思潮的影响，姓氏文化被视为“封建糟粕”、“宗派主义”、“宗法残余”、“孔孟之道”、“罪恶之源”等等而加以批判、排斥与否定，大量编撰编修的家谱在保存几百年、甚至千年以后，在这场民族的大灾难中被毁灭，官方一概不讲，民间不得传承。其结果是使一些人忘记祖宗、不孝父母，老少不分，辈分紊乱，近亲婚配，伤风败俗，单名重复，影响社会治安管理，阻碍了我国优秀民俗文化的传承。

其实，姓氏文化传承的是中国优秀民俗和传统文化，讲述的是祖先们万难不屈、艰苦创业的经历和忠君爱国、清正廉洁、公而忘私、大义凛然的高风亮节；宣传的是敬祖尊宗、教子成才、邻里和睦、勤劳节俭、遵纪守法、厚德载物、自强不息的家训家风，这些，与社会主义精神文明建设要求是一致的。

三、基本特点

中国姓氏文化（china surname culturl）经历了数千年的发展，包含了丰富的内容和特殊的含义，具有以下十个方面的特点：

第一、起源和产生的纪念性

每个姓氏的产生均有其来源，一般情况下由这几种方式产生，以祖先的氏族部落崇拜图腾为姓，如熊、龙、马等；以祖先受封封国国名为姓，如鲁、蒋、蔡、齐、楚、燕、韩、秦等；以祖先的名字为姓、以祖先的经历故事等典故为姓、以祖先所居官位称呼为姓、以祖先的居住地为姓……

第二、血缘和血统的纯正性

通过最初的姓氏和姓字的结构分析，我们不难看出中国姓氏起源于原始部落的母系氏族时期，但在进入父系氏族时期后的三皇五帝之后，均以父系为根本进行传承，记谱记载着家族男性一代又一代的姓名、生卒，以及生平经历等。

第三、时间和空间的延续性

中华文明从伏羲、女娲所创大熊皇朝的上古文明算起有3800多年，黄帝12岁登基为帝计算至今为黄帝纪元4708年，前后叠加中华文明实际上不低于8500年。每个姓氏从始祖产生至今，家谱都明确地记载了每一代男性族人的姓名、生卒、人生经历等信息资料，除战乱或不可抗拒的原因中断外，由得姓开始，延绵数千年不断……

第四、存在和延续的唯一性

纵观中国历史，几乎每隔100年有一次以上比较大的动荡，或由自然灾难、或由土地兼并、或有异族入侵……每隔200年周期性爆发导致改朝换代的农民起义……而这种农民战争分别导致了当时存在的社会秩序的整体性崩溃。同时，这种暴乱经常会损失三分之二以上的生命，这点在所有王朝初期的人口数统计中表现得非常清楚。

在这种毁灭性的农民战争中，在被劫掠与劫掠中，受害者转化为害人者，形成蝗虫式的灾民裹挟着所有能够被裹挟的人。处于社会底层的庶民百姓几乎无可避免，只有结堡自保的名门望族、世家大族因为不会轻易被战争毁灭而幸存下来。因此，在经过历朝历代的战乱后，导致的结果是我们现在存在的各姓氏家族都是名门望族、世家大族之后，这些在各姓氏存在的家谱中均有记载。

第五、编写和历史的真实性

“夫家有谱、州有志、国有史，其义一也！”清代著名史学家章学诚更是把姓氏文化中的家谱与国史、方志相提并论。中国各姓氏家谱几乎完全依据当时的具体事实进行编写，记录了家族男性每一个人、每一代人的姓名、生卒、生平经历等信息资料，作为还原历史本来面目的主要依据之一，其可靠性和真实性在地方志、国家历史之上。

第六、组织和管理的科学性

各姓氏家族均拥有自己的家族组织机构，由四、五十岁出仕之人，一般是在政府工作具有一定定位的家族男性接任族长，负责家族宏观和战略上的管理；由家族中的具有威信和威望的长者担任长老，负责家族中日常事务的具体安排和执行；其它较年轻的人则协助长者接受长者指挥做事。

第七、教育和时代的合理性

中国历史上，各姓氏都是家族为单位聚集居住在一起，在当时地域分割、交通落后、信息不流通的情况下，各姓氏家族子弟的教育均由家族自行完成，尤其是行使启蒙教育的私塾更是功不可没，对中华文明传承的重要作用奠定了坚实的基石。

第八、独立和协作的社会性

经过数千年的发展，不同历史时期均出现过很多较大的姓氏家族聚居地，这就是大多数姓氏郡望和堂号的来历之一。这些姓氏家族聚居地构成一个相对独立的社会环境，种粮养殖、生产生活作坊、私塾、部曲等衣、食、住、行及教育和武装保卫一应齐全，其组织和管理结构，团体和群体的协作，无不科学有效、协调一致，效果明显。

第九、精神和信仰的归属性

中国是世界史上最早也是唯一以文化立国的国家，很多中华姓氏的家谱或族谱的脉络可以清晰的追溯到炎黄二帝，现炎黄子孙已遍布中华和世界各地，同根同种、同血脉。因此，中华民族自古以来就有着自己引以为傲的信仰———那就是对中国文化、对祖先的崇拜。在中国流传的神话中，无论是圣人先贤（如孔子、孟子等）、道教的三清祖师（如老子就是太上老君）、还是八仙、关公、封神榜里的神仙们，那个不是我们曾经活存于世的祖宗先人。而在中国传统文化中人有三魂七魄之说中的三魂，其中就有一个灵魂依附于祖宗祠堂的供奉牌位之上。我们祖先所留下的文化典籍中蕴藏着恒久的自然之道与治世之法，能够开启我们的智慧，解除我们的困惑，提升我们的修养，实现与西方现代文化的接轨，这正是我们普遍失去信仰和人生方向的现代人所需要的思想及精神的家园。

现在，在很多姓氏保留的家谱中，其父系清晰的脉络仍然可以一代又一代追溯到炎黄二帝。所以，在这个世界上，也唯有中华民族能通过历史的记载清楚地知道自己的来龙去脉，而这就造就了中华民族拥有自己最奇特的信仰——崇拜文化和历史，并以祖先崇拜为信仰的表现形式为核心文化。所有，我们中华民族的信仰是最伟大的，我们能通过祖先崇拜知道自己的来龙去脉，通过祀祖尊宗，求得祖先佑护，也是明白我们自身，传承祖德、光宗耀祖。我们与祖先血脉相连，祖先曾经的苦难与辉煌，一定会通过血脉，流传到我们现在。而正是这种血脉亲情产生的民族凝聚力才使我们的文明几千年不断，才使我们中华民族傲然屹立于世界民族之林。

第十、经济和利益的依赖性

在中国历史上，每个姓氏家族均以本姓宗支为核心，以家族血缘为纽带，相互依存，形成一个核心的商业经济利益集团。尤其是一些名门望族、世家大族，通过政治、商业利益联姻等手段所形成的商业经济利益集团几乎垄断了国家的某些行业。

早在1949年以前，在以农业为主的中华大地，各地都是以单一姓氏为主形成了很多的聚居地，每个聚居地都建有自己的姓氏祠堂，可以这样说，我国的宗祠，比现在西方的教堂多得多，在每一个县城内，绝大多数姓氏都有自己的祠堂，作为共同祭祀祖先、诉说家事的一种场所。每逢春节和清明都要举行各种祭祖活动及定时编修本宗支家谱，由家族中德高望重的长辈主持，在外地的孝子孝孙都要回到老家参与，根据自愿原则出钱出力，各祠堂本身更有田地产出作为费用开支，那个时候的启蒙教育很多都是姓氏家族出钱所设私塾，大家均以本姓宗族亲情为纽带同时，这种民间习俗和姓氏文化作为中华文化传承的方式在海外华人聚居的地方以顽强的生命力得以延续，在近现代已成为传播和保持华夏文明的重要方式及手段。现在，就是在国内的一些地区（两广、福建、江浙及沿海）仍然保存着这种民间习俗和姓氏文化的传承方式，改革开放以后，海外华人华侨纷纷回乡祭祖、寻根问祖，祠堂的恢复正如雨后春笋般在城乡中建立起来，成为凝聚姓氏家族，传播家族文化，相互关照、扶贫济困、共谋发展的根本之地。

四、中国姓氏文化的起源及发展

中国姓氏文化（china surname cultural ）源头。

中华文明与姓氏文化最早可追溯到上古大熊皇朝之华族伏羲帝和女娲帝的有熊氏直系家族，历经大熊、有熊、芈（mǐ）熊、楚熊四个王朝，绵延三千八百多年，共一百五十三代，传七十七帝，创造了中华历史上灿若星河的上古文明，这之后的炎帝和黄帝皆为其直系后裔。

司马迁在《史记·五帝本纪》中说黄帝是“少典之子，姓公孙名轩辕，炎帝裔榆罔四十五年癸丑（公元前2708年），生于寿丘（今山东曲阜），长于姬水改姓姬，国于有熊（今河南新郑），十二岁继位，始起黄帝纪年，即建黄帝元年甲子（公元前2697年），在位100年，享年111岁，葬桥山（今陕西黄陵县）”。关于黄帝的诞生，还有一个美丽的传说。相传黄帝之母有乔氏之女，在郊外见一巨星绕北斗而转，因此感应而怀孕。经过24个月，生下了黄帝。据史家推论，黄帝应是上古轩辕氏部落的首领，与炎帝同出少典氏。黄帝打败炎帝，击败九黎，擒杀蚩尤，成为华夏各族的始祖。黄帝不仅被尊称为战神，还是华夏文明的缔造者。传说远古时的很多发明创造，如养蚕、舟车、文字、音律、医学、算术等，都始创于黄帝时期。

中国历史以黄帝（2011年为黄帝纪元4708年）为起点，彪炳于史册，黄帝不但创立道学、数学，著有《内经》，还发明指南车，使中华民族的远古文明遥遥领先于世界各国，成为世界第一文明大国。我国的考古史证明，中华已有七千年多年文明史，所以旧称“埃及、巴比伦、印度和中国”，何以将中国列为第四！当以改写。

依据众多史料我们可知，黄帝亦是中华民族的人文初祖之一，三皇（伏羲、女娲、炎帝神农氏）后朝，五帝（黄帝有熊氏、颛顼‘音专需zhuān xū’高阳氏、帝喾‘音酷kù’、帝尧陶唐氏、帝舜有虞‘音与yú’氏）之首，继伏羲之后，为华夏文明之始祖。

也就是从三皇五帝开始，华夏出现了最初的姓氏家族，他们是有熊氏、高阳氏、高辛氏、陶唐氏、有虞氏、公孙氏、轩辕氏、姜氏、姬氏等姓氏。

国人皆以炎黄子孙为幸，殊不知炎黄乃民族之祖，而非各大小宗族之祖，由于我国姓氏有出于分封者，有出于地理山河者，也有出自于始祖自定者，来历有先后，地域有不同，故不能盲目认定。轩辕黄帝传嗣与尧，尧传有室，有室后始有姬姓，姬传周，周王朝分封王室子弟和有功之臣，周亡秦立，为纪念先祖，后裔子孙以其祖先封国名或与其有关典故为姓，中华姓氏大部与此立，有根有据，犹可确论。

根据历史考证，中华民族的姓氏从原始部落社会开始，最终形成应该是在春秋战国后期的秦初。这个过程中最早是有以部落图腾为姓的，以人名、住地名为姓的，有以亡父字、次第、谥号、技艺为姓的，也有以封国为姓的，更有以职业和官名为姓的，后有避祸避讳得姓、改姓的，再有君王赐姓的都有，由此逐步形成姓氏家族。姓氏，是中国先人的伟大发明，中国是世界上最早使用姓氏制度的国家。

中国姓氏文化是属于我们中国人自己的文化，它是我们中华民族的根和魂，它是中华几千年来可以用文字记载的历史过程，它是我炎黄子孙的魂魄，它是中国社会科学最根本的支柱之一。

我们每一个人总是存活于历史长河中，昨天的你就是今天的你的历史，今天的你也即将成为明天的你的历史。所以，我们每个人都不可能背叛历史，彻底地无视自己的过去。中国姓氏文化就是一部我们自己的历史，就是一部父辈和祖先们历经苦难及辉煌的历史。

因此，无论是以中国传统文化为代表的东方文明，还是以欧美为代表的西方文明都没有最完美、最好的！也没有一种文明是超然于世的，任何一种文化都有它的独到之处和令人尊敬的地方！区别的不是文明本身，而是一个人在文明中是否能够找到属于自己的宁静的内心世界！

五、中国姓氏文化的作用及其意义

中国姓氏文化（china surname cultural）的价值。

“参天之木，必有其根；入海之水，必有其源！” 华夏一脉，同根同源，血浓于水。中华姓氏，博大精深、渊源流长。“夫家有谱、州有志、国有史，其义一也！”清代著名史学家章学诚更是把姓氏文化中的家谱与国史、方志相提并论。

溯祖追宗，寻根问祖——源于上古、商周的中国姓氏文化，作为中国人朴素的祖先信仰，不仅是中华民族的传统美德，还深深地影响着中国周边国家和地区，韩国总统卢武铉、卢泰愚都曾数次派人或亲自前往我国山东寻根认祖。

改革开放以后，海外华人华侨纷纷回国寻根问祖，不但活跃了中国传统优秀文化，也带动了地方经济的发展，尤其是河南、山东、福建、江浙等省和地区，已形成燎原之势。在这个普遍缺乏个人精神寄托和信仰的时代，与日俱增的崇祖寻根意识作为现代中国人最根本最朴素的传统信仰已逐渐渗透到文化、经济领域。

在当前，中国姓氏文化的研究主要具有三大重要价值和作用：

1. 通过姓氏文化与祖先血脉相连，感受华夏5000年文明，认同中华传统优秀文化，增强民族自豪感，增强民族凝聚力。

2. 通过姓氏文化教育世人尊祖重孝，明白忠孝节义的意义，养成良好道德品质。

3. 通过姓氏文化联络海内外华人进行信息交流，搭建共同经济发展平台，促进社会发展。

中华（华夏）民族自炎黄二帝以来，至今拥有文字记载的历史达五千余年，是世界史上最早也是唯一以文化立国的国家。很多中华姓氏的家谱或族谱的脉络可以清晰地追溯到炎黄二帝，现炎黄子孙已遍布中华和世界各地，同根同种、同血脉。因此，中华民族自古以来就有着自己引以为傲的信仰——那就是对中国文化、对祖先的崇拜。

让我们大家以包容和宽广的心胸与心态，积极推动传统优秀文化——中国姓氏文化知识在社会和民间的普及，修补因历史而留下的文化创伤，为广大黎民百姓及民族企业提供深刻的文化内涵，提供丰富的精神食粮。

释《后汉书·郡国志》“期思有蒋乡，故蒋国”

王　琳　王佳涵*

蒋国是西周时代古老的封国，其始封之地应在今河南省淮滨县期思故城，这在《后汉书·郡国志》中是信而有征的史实。可是杨伯峻先生在《春秋左传注》中却说：“蒋，据《通志·氏族略》二，为周公第三子伯龄所封国。据杜注今河南省固始县东北有蒋集，当即其地。”[1]在这里杨先生将固始县东北的蒋集定为蒋国的始封之地，误解了唐代杜预话语中的真正含义，因此给我们探寻蒋国地望带来不必要的干扰。关于此，陈隆文先生已在《蒋国历史地理问题考辨》一文中作了详细的辨析。此处我们便不再赘述。尽管如此，在蒋国地望问题的研究中仍有一点值得我们深究，那就是《后汉书·郡国志》所载“期思有蒋乡，故蒋国”中的“蒋乡”究竟在哪里，蒋乡是不是就是今天的固始县蒋集，如何理解文献中所说的“蒋乡，故蒋国”。我们将就此问题进行探析，不当之处，敬希指正。

毋庸置疑，《后汉书·郡国志》：“期思有蒋乡，故蒋国。”[2]是古代文献中有关蒋国地望最为可信的记载。其中的“期思”就是今淮滨县境内的期思故城，这是没有疑问的。

考古工作者在淮滨县发现过期思故城的遗址。期思故城，位于白露河和淮河汇流处的中间偏南地带，距县城东南三十华里，乃期

* 王　琳，郑州大学历史学院。
王佳涵，郑州大学历史学院。

思乡所在之地。古城北靠小死河，这条河由北向南至古城下折向东去。古城以北、死河以西为岗地，死河以东为湾地。古城以南约为四华里的小片岗地，南下至白露河为十里草湾。期思古城便坐落在东、南、北三面湾地包围的一片岗地上。在淮河南岸，正与郦道元《水经注》所记相吻合。《水经注·淮水注》曰："（淮水）又东过期思县北，县，故蒋国，周公之后也。《春秋》文公十年（公元前617年），楚（穆王）王田于孟渚（今河南虞城县境），期思公复遂为右司马，楚灭之以为县。"这就是期思县命名的缘由。[3]《括地志》也曰："期思故城在光州固始县界"。[4]经过近几年来考古工作者的调查，在该地发现古城遗址一座。城平面呈长方形，东西长1700米，南北长400–500米，古城除北面靠死河的台地，与城内的地面相平，已无城址痕迹外，其余三面城址断断续续有遗迹可探寻。古城墙残高2–4米，墙址底宽2–3米。[5]在古城遗址范围内，采集到有石镰和商周时期的陶鬲足，还有西周、春秋、战国时期的铜镞，春秋战国时期的铜剑、铜矛，以及汉代的石印章、唐代的铜镜。[5]从这些考古材料中可知期思故城是始建于西周并一直持续使用至秦乃至汉唐的。从以上的文献和考古调查报告中可知期思故城最早应为蒋国故城，春秋时期为楚国所灭。

《后汉书·郡国志》在"期思"之下又说"有蒋乡，故蒋国"，也就是说包括期思故城在内的城址周边的部分地区直至汉代仍有"蒋乡"的遗存。而这一区域就是西周蒋国的始封之地，因此，正确理解"蒋乡"的真实涵义便成了我们解读蒋国始封之地的关键。

按《左传》僖公二十四年载："凡、蒋、茅、胙、祭、周公之胤也。"[1]说明蒋国的受封应该在西周初年周公东征之后。西周建立后，周王室为了巩固其新生政权，采取分封制的方法，对商遗留下的辽阔土地实行“分封”统治。而“分封制”实则是西周初年中央政权统驾地方政权的一种政治手段和统治方式。按照《左传》僖公二十四年所说，周公的四个儿子凡、祭、胙、茅都分封在中原的心脏地区，还有三个儿子分封到了东、北、南三个方向的战略要地。长子伯禽代表周公本人受封于鲁，成为嫡系姬姓贵族中封得最东的一个大国，这是用来控制东方一带夷族的。另外一个儿子受封于蒋，在今河南淮滨以南，已跨过淮水，成为嫡系姬姓贵族中封得最南的一个国，这是用来控制南方的淮夷和群舒的。还有一个儿子受封于邢，在今河北邢台，原为商的旧都，这是用来统治原来商代王畿的北方地区（相当于武王所封的邶），并抵御和控制北方狄族的。[6]蒋国就是在这样的背景下立国的。

据《左传》定公四年所载，分封制的重要内容之一就是“分之土田陪敦。”杨注说：“土田陪敦”即《诗·鲁颂·閟宫》‘乃命鲁公，俾侯于东，锡之山川，土田附庸，’之‘土田附庸’亦即召伯虎簋之‘仆墉土田’。”[1]关于此，杨宽先生也曾提出所谓“土田陪敦”就是“土田附庸”。《诗·鲁颂·閟宫》记述分封鲁国的情况：“乃命鲁公，俾侯于东，锡之山川，土田附庸。”“陪”和“附”古声同通用，“敦”和“庸”因字形相近而讹误。“附庸”原是“小城”的意思，后来引申为附庸于天子或诸侯的附属国，《孟子·万章下》说：“不能五十里，不达于天子，附于诸侯曰附庸。”《礼记·王制》同，郑玄注：“小城曰附庸。”例如秦的祖先非子因养马被周孝王“分土为附庸，邑之秦”，后来秦襄公护送周平王东迁，“平王封襄公为诸侯”（见《史记·秦本纪》）。所谓“土田附庸”，是说大块土田而有城郭的居民。[6]由此而知，当时受封于期思城的蒋国，不单有城（即庸），也同时拥有围绕城周边的大块土田和土田上的居民。而这种社会结构就是从属于分封制的西周乡遂制度。

乡遂制度是西周春秋间重要的地方统治形式，其影响很大。杨宽先生据《周礼》所载勾画了乡遂制度的基本轮廓，大体如下：

《周礼》把周天子直接统治的王畿，划分为“国”和“野”两大区域，对整个王畿的经营布置，称为“体国经野”。在这“国”和“野”两大区域中，“郊”是个分界线，“郊”以内是“国中及四郊”，“郊”以外即是“野”。“郊”的得名就是由于它是“国”和“野”的交接之处。[6]

“国”的本义，是指王城和国都。在王城的城郭以内，叫做“国中”；在城郭以外，有相当距离的周围地区，叫做“郊”或“四郊”。在“国”以外和“郊”以内，分设有“六乡”，这就是乡遂制度的“乡”。从“郊”的广义而言，所有“六乡”地区，都可以称为“郊”或者“四郊”。对“野”而言以王城为中心，连同四郊六乡在内，可以总称为“国”。[6]

在“郊”以外，有相当距离的周围地区，叫做“野”。在“郊”以外和“野”以内，分设有“六遂”，这就是乡遂制度的“遂”。此外，卿大夫的采邑称为“都鄙”，细分起来，有甸、稍、县、都、鄙等名目。

就“野”的广义而言，指“郊”外所有的地区，包括“六遂”和“都鄙”等。[6]

大体说来，王城连同四郊六乡，可以合称为“国”；六遂及都鄙等地，可以合称为“野”。六乡和六遂是分布在两个不同的行政区域。《周礼·比长》载：“徙于国中及郊，则从而授之；若徙于他，则为之旌节而行之。若无授无节，则唯圜土内之（郑注：“圜土者，狱城也”）”。这因为“国”和“郊”同属于同一地区，六乡内的居民，要在“国中及郊”的范围内迁居，手续比较简便；如果要迁出这个地区，就要郑重其事，“为之旌节以行之”，没有节是要被拘捕的。[6]

“乡”和“遂”，不仅所居地区有“国”和“野”的差别，而且居民的身份亦有不同。在《周礼》中，“乡”和“遂”的居民虽然都可以统称为“民”，但是“六遂”的居民有个特殊的称呼，叫“甿”、“氓”、或“野民”、“野人”；“六乡”居民则可称为“国人”。[6]杨先生所论至关重要，它是我们理解文献中“蒋乡”的关键。

我们既已明了西周分封制与乡遂制度的关系，那么《后汉书·郡国志》中所载：“期思有蒋乡，故蒋国。”应该是说：期思城（国）向外至其管辖范围之内（郊）设有“乡遂”之“乡”，故言“期思有蒋乡”。而且，若以期思城（国）为中心，那么，包括周边乡遂在内，应是西周时期蒋国的封地和辖境，即为“故蒋国”。我们认为这便是“期思有蒋乡，故蒋国”的真正涵义。

注　释：

[1] 杨伯峻．春秋左传注．[M]．北京：中华书局，1990。

[2] （晋）司马彪撰．后汉书志．[M]．北京：中华书局，1965。

[3] 陈隆文．蒋国历史地理考辨．[J]．郑州大学学报（哲学社会科学版），2007，40（3）98–100。

[4] 贺次君辑校．括地志辑校 [Z]．北京：中华书局，2005。

[5] 李绍曾．期思古城遗址调查 [J]．中原文物，1983 年特刊。

[6] 杨宽．西周史．[M]．上海：人民出版社，2003。

在没有确凿证据之前，不要妄加定论"子姓蒋"

蒋义和*

最近苍南县史志办及杭州市蒋继申宗亲出版、发表了一些相关蒋姓起源的书刊及文章，本人粗略地探寻了一番，觉得缺乏历史依据，有的凭空想象，有的根据传说。建议在没有确凿证据之前，不要妄加定论"子姓蒋"。现就相关子姓文章摘录如下，请宗亲参考。

子姓（殷）是殷商帝王家族的姓氏。殷商帝王家族以子为姓是从偰（商祖因生在殷水，因之为姓。后又辅佐大禹治水有功劳，被帝封在商地并赐姓子，所以商族是以殷和子为姓氏的）开始的。传说契的母亲叫简狄，是有娀氏的女儿。有一次，简狄与族中的姐妹一起在大河中洗浴，忽然看见天边飞来一只大鸟。那鸟在河边下了一个蛋，正好离简狄很近。简狄自从吃了那个鸟蛋以后，便怀了孕，经过十月怀胎，竟生下了一个男孩子，这个男孩子就是契。这虽然是被记入《史记·殷本纪》中，但人们也只能把它当作一个神话传说。这种传说不仅现代人不把它看作是历史事实，即使是古代的人也怀疑它的真实性。例如，传说中说简狄是帝喾的妃子，对此，三国时谯周就说，帝喾生尧，而契在尧时出生，在舜时才长大成人被提拔，所以，简狄一定不是帝喾的后妃，契也不是帝喾的儿子。在我们今天看来，疑点岂止这些，吃鸟蛋怀孕这件事本身就令人难以置信。不过，我们从这个传说中可以发现这样两个基本事

---

* 蒋义和，江西省丰城市人。

实：第一，契出生的年代是远古时期人们只知其母不知其父的母系氏族社会。第二，在契出生的时候，只知其母不知其父不再被视为天经地义的正常现象了，人们开始要求既知其母又知其父了。所以才有了吃鸟蛋而怀孕的故事，以此来为不知其父制造一个体面的理由。这说明母系氏族社会开始向父系氏族社会转变。契在尧的时候出生，在舜的时候成长，并表现出过人的才干。大禹治水成功，舜对他进行表彰的时候，大禹就说这里有稷、契、陶等人的功劳。于是，舜还专门下了命令，任契为司徒，让他用父、母、兄、弟、儿子等伦理观念教化百姓，把他封在商地，赐姓为子。契在自己的封地传了一代又一代，到了他第13代孙汤的时候，经过了8次迁都，最后终于在亳定下了统治中心，成为与夏朝抗衡的一个强大的部落集团。那时候，夏朝已经走到了它的穷途末路，与夏朝成为鲜明对比的是，商王国正处在蒸蒸日上的发展时期。商王国的首领汤很会治国，他有一句名言："人通过水可以知道自己的形象，君通过民可以知道国家治理与否。"汤还是一个仁义的君主，人们纷纷前来投奔他。在这股离夏奔汤的人群中，有一个叫伊尹的能人，成了汤治理国家的良辅。最后，汤向夏王朝发动了进攻，一举打败了夏桀，推翻了夏朝，在西亳定都，建立了商朝。

这些以子为姓的契的子孙们，既有汤、盘庚、武丁这样的杰出人物，也有太甲、太庚、小甲等平庸之辈，而商王朝也时盛时衰地延续了500多年的时间，最后终于亡在第31位君主帝辛手中。林氏。比干的墓地，《水经注·清水》说是在朝歌（今河南淇县），《史记·周本纪》张守节《正义》引《括地志》说在卫州汲县（治今河南卫辉市）10里250步。比干的后代便在从淇县到卫辉市一带的土地上生活，并以王作为自己的姓氏。最早生活在商都一带的王姓，实际上是殷商王族子姓的后裔。

子姓是殷商帝王家族的“好”氏，据历史学家杨荣国先生称，子原先写作“好”，读子，而“女”是表示原先是母系氏族。殷商帝王家族子姓是从契开始的。契的母亲叫简狄，是有娀氏的女儿；父亲为上古五帝之一的帝喾高辛氏。辞海载“契母吞燕卵而生契，故曰子氏。”这就是子姓的来历。玄鸟是子姓的图腾，屈原诗文里说是凤鸟，汉朝人说是燕子，《倚天屠龙记》里，金庸把它列为老鹰，也即白眉鹰王所创之教的教徽。

契被舜任为司徒，掌握教化，居于商（今商丘），是商族的祖先。虞舜二十年（公元前2260年），虞舜指派司徒禹去治水，那时虞舜也派契、后稷帮助禹治水；十三年后，禹总算治好水了，同时也封契于商（今陕西省商县），虞舜又下命契为司徒（主要掌管教育的官，等于现今的教育部部长），也开始治理商，后来契去世后，由其子昭明接下去治理商国。

自契至十三世成汤凡八迁，汤始居亳从先王居，作《帝诰》。成汤，帝喾之子契的14世孙，姓子，名履，又名天乙。公元前1600年至约公元前1046年的商代是继夏朝之后，中国历史上第二个世袭制王朝时代。商朝始于子姓商汤，终于商纣，共30帝，享国646年。

子姓衍派商世系记载：子姓从契（玄王殷偰xie火祖阏伯另说是商祖偰生殷水因而得姓殷后佐大禹治水封商地）至成汤传14世，汤建商之后派生出姓氏，微子封于宋之后，又派生出姓氏。

1. 殷氏：商族始祖的姓氏居于古殷水，盘庚王帝之后有殷氏，还有商朝亡后子孙分散，以殷为氏。还有北殷氏（邶殷国）。

2. 商氏：商汤之孙，以国为姓。

3. 汤氏：商汤之后。

4. 乙氏：商汤字天乙，子孙以王父为氏。

5. 来氏：汤之子孙，食采于郲，因以为来氏。

6. 邓氏：武丁封叔父曼季为邓侯，其子孙以为氏。沃氏：商沃丁之后。

7. 相氏：出自子姓，商王河亶甲都于相，宗族留居于相里，因氏。

8. 武氏：以祖字或以谥号为氏：一，出自商王帝武丁之后，以祖名为氏。据《武班碑》所载，为商王武丁之后，以其祖名字为氏。如汉代武班即是。二，出自春秋时宋武公之后，以谥号为氏。据《风俗通义》所载，春秋时宋戴公之子司空，死后谥号为“武”，史称宋武公，其子孙以其祖之谥号为氏，亦称武氏。是为河南武姓。

9. 权氏：商武丁有个儿子封在权国后以权为氏。

10. 祖氏：祖甲之后。

11. 仲氏：出自子姓，以祖字为姓。春秋时宋国君主宋庄公之后。宋庄公的儿子字子仲，子仲的子孙字“仲”为姓，成为仲氏的一。

12. 郝氏：帝乙封子期于郝，期后以郝为氏。

13. 箕氏：箕子之后。

14. 梅氏：出自子姓，帝辛时有梅伯支。

15. 鲜于氏：出自子姓，商王帝辛的叔父被封在箕（在山西太谷县东），称为箕子。后有去朝鲜半岛立国史称箕子朝鲜其后有姓鲜于的。

16. 林氏：比干子坚，之后。

17. 王氏：商帝王族后，比干之后，居汲县，世称汲城王。

18. 施氏：出自子姓，施氏为商七族之一。

19. 陶氏：出自子姓，陶氏为商七族之。

20. 邦氏：出自商时期的上大夫邦伯，属于以官职称谓为氏。

21. 邽氏：出自子姓，邽氏为商七族之一。

22. 饥氏：出自子姓，饥（饥）氏为商七族之一。

23. 樊氏：出自子姓，樊氏为商七族之一。

24. 奇氏：（锜氏）出自子姓，锜氏为商七族之一，即公族后人去金为奇氏。

25. 索氏：出自子姓，商七公族之一，是商汤的后代。据《元和姓纂》载，商朝的王公贵族有七支，形成公族。

26. 繁氏：出自子姓，繁氏为商七族之一。

27. 钟葵氏：出自子姓。商公族，一说钟葵氏也为商七族之一。

28. 宋氏：微子封于宋，其后以为氏。

29. 花氏：微子之后。

30. 乐氏：乐氏之先，与宋同姓，戴公生乐父衎，是称乐氏。

31. 微氏：微氏系微子之后。

32. 黑氏：微子之后。

33. 牛氏：微子之后名牛父，子孙以王父为氏。

34. 戎氏：戎氏系微子之后。

35. 衍氏：源于子姓。宋国微仲衍之后人。

36. 邹氏：宋正考父之后。

37. 华氏：宋戴公孙督，字华文，自立为华氏。

38. 督氏：宋国华督之后。

39. 萧氏：微子十二世孙大心封于萧，因为萧氏。

40. 孔氏：孔父嘉遭华督之难，其子奔鲁，以子加乙为氏，孔子为其六代孙。

41. 皇甫氏：宋戴公子充石，字皇父，其后，以王父字为氏，汉代改为皇甫。

42. 穆氏：系出子姓，宋穆公子孙，以谥为氏。

43. 钟氏：宋国君偃的三弟公子烈和同宗同源的宋桓公三子遬是宋国开国始祖微子启之弟微仲衍的十三世孙。遬之后州梨，封于钟离，数传至接，居颍川长社，以钟为氏。

44. 空氏：源于空桐氏，出自商朝始祖后裔的封地，属于以封邑名称为氏。空同，也称空桐、崆峒，是河南汝州西部崆峒山的简称。

45. 庄氏：（庄）源于子姓。宋戴公名武庄，其后人以祖名为氏。

46. 边氏：源于子姓。宋平公之子子边之后裔以字为氏。

47. 桓氏：出自子姓，宋桓公之后。

48. 向氏：宋桓公之后，食采于向，遂为向氏。

49. 鱼氏：宋桓公之目夷，字子鱼，子孙以王父为氏。

50. 墨氏：宋成公子墨台，子孙以王父为氏。

51. 褚氏：宋共公子段食采于褚，子孙因以为氏。

52. 匡氏：系出子姓，宋大夫封于匡，后以邑为氏。

53. 朱氏：一是古帝颛顼高阳氏之后。古帝颛顼的玄孙陆终有6个儿子，第五子名安；二是宋国的开国君主宋微子启（商王帝辛的庶兄）有裔孙朱晖，原以国名为氏，称宋氏。春秋时，诸侯灭宋，其后裔逃至砀（今安徽省砀山县），改宋氏为朱氏。

54. 谈氏：商朝后裔宋国传至谈君，子孙因为氏。

55.干氏：宋国有一大夫干犨，他的后代子孙以他的名字中"干"字为姓，亦称干氏，成为干姓的一支。

56. 池氏：池氏得姓来源有三种：一是池姓出自嬴秦司马公子池，其裔孙以祖父池字为姓，其后有池子华，官授秦丞相，食禄汝南，封西平郡（今河南开封市辖范围）公。望出西平、西河二郡，配行属火，池氏属徵音，堂号有安乐堂、西平堂等；二是出自殷姓讳民，因扶助周穆王有功，王封民食采于渑池（今河南三门峡市辖范围），遂以地为姓，其后转居西河，繁衍昌盛；三是改为池姓，一如蒙、满、朝鲜等少数民族中有池姓氏族。

57. 那氏：商武丁之后有那氏。

58. 衣氏：出自殷氏“齐人言殷，声如衣，今姓有衣者，殷之胄，见《礼记注疏》。”换言之，现在的衣姓，是由于读音相近而从殷姓分出来的，姓衣姓殷的人，本来是一家人。

59. 菀氏：商帝武丁封其子文为菀侯其后以菀为氏。

60. 氏：宋公子目夷之后。目夷字子鱼，是春秋时人，殷微子的17世孙，宋襄公的庶兄，是著名的政治家和军事家。襄公即位，目夷为相。宋、楚大战于泓水时的“子鱼论战”，可窥见其超人的战略思想。死后葬于微山。

史记太史公曰：“契为子孙，其后分封，以国为姓，有殷氏、来氏、宋氏、崆峒、目夷氏……”，唯独没有蒋氏，故“子姓蒋”在没有找到确凿证据之前，请不要妄加定论。

河南省蒋氏族源、迁徙、居住、发展考略

蒋成才　蒋红波*

河南淮滨县期思镇为蒋氏的最初发祥地

先秦时期，蒋氏主要是在今河南境内发展繁衍。自楚国灭蒋国后，蒋氏除部分仍留居河南外，大部分外迁。西汉时，有记载河南各地的蒋姓人共12支，徙居情况如下：仲孝公居郑州荥阳，赠荥阳公；仲襄公居古汴封邱，赠邱公；殷肇公居濮阳，赠昆吾公；静龠公居弋阳，赠弋阳公；静奭公居洛阳，赠郏山公；静契公居镇平，赠平郡公；静奕公居汝南，赠汝南公；静夷公居信阳，赠信阳公；圣褒公居安阳，赠安阳公；鼎历公居淮阳宛丘；祚禶公居汝州；祚健公居房子湖；迁台公居南阳。两汉时期，蒋氏已迁山东，南下江苏、安徽、浙江，入湖南，西迁四川。唐朝两次南下移民时蒋姓进入了福建和两广。明朝后入台湾。蒋氏源于北，而盛于南，成为比较典型的南方姓氏。全国形成了以川、湘、江、浙为中心的蒋姓聚集区。在近600年间，蒋姓人口流动的程度和方向与宋、元、明期间有了较大的区别，主要的流动是由东南部向西部和中原地区的回迁。

明朝洪武、永乐年间从山西洪洞大规模往河南地区移民，已为上述众多的家乘、地方志、地名录所证实，从河南的移民分布情况

---

* 蒋成才，河南镇平县杨营镇大蒋坡村。
蒋红波，新疆和田地区和田玉展览馆。

看，主要以黄河流域和淮河流域为主。在河南地区，新编地名录，新纂地方志，百分之九十以上的县（市）中都有洪洞大槐树移民分布的明确记载。地区建村、家谱资料的调查统计，充分说明了洪洞大槐树移民在河南地区所占的比重是较大的，分布是较广的。民间广传为“问我祖先来何处？山西洪洞大槐树”。商丘亳州的蒋氏，就是在那时候从山西迁来的。最先落户商丘大概是蒋伯龄第100代子孙，又经过五代延续有蒋氏兄弟两人，一人移居到现虞城县，另一人又继续向外迁移，分布虞城县、安徽亳州等处，此时约是蒋伯龄110代子孙，相对应年代是明末清初。现在，商丘蒋氏有三系。永城一系，其迁来的第一世鲁谵公，是蒋伯龄第99世孙。永城蒋口等处的蒋姓族人均以鲁谵公为先祖。商丘蒋氏另一系分布在商丘市的睢阳区、梁园区、开发区及虞城县、安徽北部的亳州。这一系的迁民始祖为总旗公。总旗公迁民最先落户在今商丘市开发区平台镇的四营村。总旗公的第五世孙兄弟两人，一名蒋臣，一名蒋虎。后蒋虎移居到现虞城县北蒋庄村，蒋臣仍然居于四营村。现在，四营村蒋姓族人即为蒋臣后人，而蒋虎一系又继续向外迁移，分布在睢阳区的毛堆乡，虞城县的营廓镇、谷熟镇、店集乡，安徽亳州的杨集乡等处，共约6万人。现在，在虞城县芒种桥乡北蒋庄村，蒋虎的坟墓保存完好。修武县南孟村蒋氏，迁始祖蒋清平，字洪同。明初从河南睢县迁居。祖籍江西洪都新建县半坡店。后裔分支散居在修武县境大位村、雪庄及辉县峪河蒋庄等地。本支蒋姓在明末已和商丘地区蒋氏家族联宗定谱，民国时期蒋介石指令修全国蒋氏大谱时亲为宗支祠堂命名题词：“忠雅遗芬”。族续50字辈。族存家谱记载，本阜现传20余代，人口两千。在永城市蒋氏家谱及虞城县芒种桥乡北蒋庄村的蒋氏家谱上，均记载着一首蒋氏后人写的《敬献族谱诗一首》，较好地总结了蒋氏的起源与发展：“本族渊源始西周，悠史青垂三千秋。中华风云多变幻，横公辅佐汉刘秀。帝褒帝贬终悔悟，论功就地封九侯。流传一百二十世，蒋氏后裔遍神州。”民国版《修武县志·迁民表》记载：“修武县统计从洪洞迁民的有赵氏四户、李氏八户、蒋氏三户……共80户，分布于80余个村庄。汤阴县北五陵蒋氏，迁始祖，蒋伏山，明洪武十三年从湖北黄梅县新古城迁居。五陵乃蒋通之后，达迁浚县大齐村，迪迁鹤壁市（集）。族修新谱载记，二世起各自分居。蒋氏后裔遍神州。”获嘉县蒋村，村碑记载明代以前有位蒋姓总兵曾驻军在此，村庄名蒋家营，民国时期改称“蒋村”。获嘉县志记载，本地蒋姓早在西汉时期已在此定居，为老户人家。汉高祖刘邦曾在村北筑高台，修建“天爷庙”，遂改蒋庄为高庙村。汤阴县北五陵蒋氏迁始祖蒋伏山，明洪武十三年从湖北黄梅县新古城迁居。五陵乃蒋通之后，达迁浚县大齐村，迪迁鹤壁市（集）。族修新谱载记，二世起各自分居。从高庙残石碑上查见（1808年）“嘉庆十三年岁次戊辰五月初日蒋振口，住持僧元祐”字样，并以同宗联谊形式从一老妪口中透出信息，本蒋早年从东南方向六十里“王路”迁居来的，后经实地调查，王路实际上是原阳县与武陟县交界处的“王禄”村。高庙蒋姓，无族谱记载，迁姓祖名讳和代数不详，现有人员三十余口。南阳市卧龙区王村乡罗冢村蒋庄自然村、卧龙区七里园乡边庄村蒋庄、唐河县祁仪乡蒋岗村、唐河县源潭镇蒋庄村、邓州市文渠乡蒋庄村、方城县蒋官里，桐柏县，淅川县厚坡镇蒋营村、西峡县回车镇杜店村蒋沟组南召县南河店镇老蒋庄村等地蒋氏，明初从洪洞县迁此辟村定居。民国版《镇平县志》记载：镇平县枣园镇蒋刘洼村本地蒋姓明初从洪洞县迁此辟村，系镇平县蒋姓初居村；镇平县杨营镇大蒋坡村系明初从洪洞县迁镇平县枣园镇蒋刘洼村后居此村，以姓取名；镇平县杨营镇小蒋坡村为镇平县杨营镇大蒋坡村分支，镇平县张林乡南蒋庄村先祖为镇平县杨营镇大蒋坡村分支，镇平县老庄镇蒋庄村先祖为镇平县杨营镇大蒋坡村分支。登封市颍阳镇蒋庄村明初从洪洞县迁此辟村，以姓取名。清丰县迁始族人讲叙至今已102代。睢县、民权、杞县、柘城一带的蒋氏族人约3万人，祖上来自江西南昌新建县，元顺帝末年。岁次辛巳，公元1341年，距今648年，因大明兵起讨元，天下未定，祖宗公中途睢州被阻，遂落户在睢州，定居在坊里五甲民籍，以务农为业，子孙繁衍。为睢县汤王袁蒋四大门阀之首，睢州旧有蒋氏父子祖孙“三代翰林”的美称。睢县的蒋氏解放前是睢县汤、王、袁、蒋四大姓氏之一，与其他三姓一样在睢县县城内建有宗祠。河南少数民族中有蒋姓，如满、蒙古、回。主要的流动是由东南部向西部和中原地区的回迁。河南蒋姓回民，大部分是清代及民国期间汉民入教而随改回族的。周口项城市蒋庄回族是最早迁入民族之一，为区内第二大民族，占全区总人口1.22%，位居河南省各地市少数民族人口之首， 蒋姓回民1万以下至5千以上；回族来区内定居，大体明隆庆六年（1572年）山西省洪洞县枣林村回族成批迁入区内，清顺治年间，先后有多批回民自山西洪洞枣林村，封丘，开封北刁村及南京、许昌、商丘、新乡等地先后迁居区内各县。 鹿邑县据1982年统计回族1600人。回族主要分布在蒋营、鲍庄、关庄三个自然村，并在居住地创建有三座清真寺。明朝中期，西华县的回族人迁徙商水。清朝康熙至嘉庆年间，山东曹县、安徽亳州、项城县老城等地回族人不断移居商水。沈丘县回族是沈丘县除汉族外人口最多的民族。沈丘回族目前蒋姓（部分）回民，是清代及民国期间汉民入教而随改回族的。驻马店市蒋姓回民明清时期先后由孟县、西平、沈丘、新蔡、项城、汝南、正阳等地迁居县境。固始县蒋姓回族是明清以来因经商、避难或其他原因迁居而来的回民。洛宁县在少数民族中，蒋姓回族人口分布较广。据传蒋姓明末清初时由山西洪洞县迁入河南，后转居洛宁。

河南省蒋氏家谱

【商城蒋氏二修宗谱】清翰林院庶吉士平阴门人，朱名炤谨撰。

【睢县蒋氏家谱】睢阳蒋氏家谱十二卷（清），蒋念学纂修，清光绪三十四年（1908）蒋氏木刻本 河南图 注：明万历八年蒋汝能始修。

【蒋氏家谱】睢阳1990年本。

【永城市蒋氏家谱】及虞城县芒种桥乡北蒋庄村。

【项城市汾左蒋氏族谱】范集乡蒋寨《汾左蒋氏族谱》。

【郑州中牟蒋氏族谱】中牟县白沙镇前程村。

【镇平县蒋氏族谱】2002年本。

【获嘉县龙井蒋氏】远祖世表。

【光山南、北蒋氏族谱】光山县蒋氏宗谱，2009出版。

【延津班枣蒋氏家谱】延津班枣蒋氏家谱。

【河南南阳蒋氏家谱】南阳。始祖为十六世蒋明远。

【河南焦作蒋氏家谱】修武、辉县峪河蒋庄等地。

【河南蒋氏家谱】中牟县白沙镇前程村。

河南蒋氏主要分布村名

郑州市：新密市蒋坡村、蒋坟村、蒋北、蒋砦村； 登封市蒋庄村；中牟县蒋家村、蒋冲、蒋万路；荥阳市蒋寨村、蒋家、蒋头。开封市：开封蒋洼村全姓蒋，大概有3000人，蒋桥姓蒋的现在有1000多人；兰考县蒋庄、蒋庵；尉氏县蒋沟村；杞县蒋砦村；通许县蒋家村。安阳市：安阳县蒋村乡；滑县蒋庄村、蒋堤村；林州市蒋里村横、蒋或、西蒋村、沙蒋村；1990年前后统计林州共有蒋姓718人。濮阳市：濮阳市蒋田娄；范县蒋庄村、蒋庄；台前县蒋庄；清丰县蒋柳村、蒋孔村、蒋孔村。新乡市：蒋楼；封丘县蒋寨村、蒋村；辉县市蒋庄；延津县蒋班枣村；原阳县蒋庄村；获嘉蒋氏；长垣县蒋姓；卫辉市蒋庄村。焦作市：修武县境大位村、蒋庄，蒋姓人口两千。武陟县大虹桥乡蒋岗村、阳城乡蒋岗村；博爱县金城乡蒋沟河、敬镇蒋村、东蒋村；修武县北前蒋村、蒋村、蒋河。武陟县蒋姓2000年人口统计275人。济源市：济源市蒋庄村、西蒋村。商丘市：睢阳区蒋庄；夏邑县蒋古同村、蒋庄村、蒋杨庄村、蒋阁村；睢县蒋店村、蒋楼村、蒋庄村、蒋坟村；永城市蒋庄、蒋南村、蒋犁坊村、蒋北村、小蒋庄、蒋后六子村；柘城县蒋李庄；民权县蒋老家村、蒋庄村、蒋柿园村、蒋庄、蒋坡楼村；宁陵县蒋堂村；虞城县蒋黄村、蒋庙村、蒋李庄。信阳市：商城县蒋岗村；固始县蒋营村；光山县蒋楼。驻马店市：泌阳县蒋庄、冯蒋村；确山县蒋庄；遂平县蒋庄；新蔡县蒋店村；西平县谭店蒋；平舆县后蒋店、前蒋店、蒋邵；上蔡县蒋王村；周口市：项城市蒋寨村、蒋庄村、蒋庙村、蒋楼村；鹿邑县蒋营村、蒋村、蒋楼村、蒋田村；太康县蒋湾村、蒋店村、蒋埠口村、蒋菜园；沈丘县蒋桥村、蒋寨村、蒋圩村、蒋湾村、蒋桥村、蒋庄村；淮阳县蒋桥村；西华县蒋庄村；项城蒋姓1万以下5千以上。漯河市：漯河市蒋庄村；临颍县大蒋庄、蒋庄村。鹤壁市：蒋水泉；蒋家顶村；浚县蒋村、蒋八营、蒋营；淇县蒋庄村。平顶山：叶县蒋湾村、新蒋庄、蒋庄村、蒋李村；郏县蒋高村，1982年郏县人口普查蒋姓人口统计646人；1987年宝丰县人口普查蒋姓人口统计400–499人。汝州市：蒋台街、蒋庄。许昌市：许昌县蒋马村、蒋西村、蒋东村、蒋东街、蒋官池镇；郾陵县蒋庄；禹州市蒋庄村；长葛市蒋庄；襄城县蒋庄乡、蒋沟、蒋湾村。洛阳市：西工区蒋沟村；洛阳蒋庙；伊川县蒋元村；孟津县；洛宁县2000年户籍姓氏人口统计蒋2078人；嵩县、栾川县1990年姓氏统计蒋姓102人、汝阳县。三门峡市：卢氏县蒋槽村。南阳市：卧龙区蒋庄村、蒋庄；唐河县蒋岗村、蒋庄村；邓州市蒋庄村蒋姓1500人、镇平县大蒋坡村蒋姓2012人、小蒋坡村蒋姓151人、蒋庄村、淅川县蒋营村；方城县蒋官里；西峡县回蒋沟组；南召县老蒋庄村；桐柏县。

由于历史原因，时过境迁，河南许多以蒋命名的村庄，现已姓去族空。河南南阳蒋家、南乐蒋庄村、安阳蒋台屯等地，已无蒋姓人家。总而言之，蒋氏乃百家大姓之一，源渊流长，灿若繁星。

河南蒋氏主要字辈

郑州蒋氏字辈："起世士大文石泉金振进守，荣兴中华传统，发扬民族伦理，永恒忠爱仁义，家国富强昌盛。"

郑州蒋氏字辈："仲贤宗奇廷，一元开泰运，万世沐宏恩，继述人才茂，修齐治化存，於斯钟毓秀，乃以本崇敦，载锡支光显，发祥福永徵。"

商丘蒋氏字辈："宗中水顺雨，汝光奇臣玉。万昌克可茂，性学家成矩。正志理本泰，立心行尚虑。天体忠良厚，裔业永邦与。祖示同保嘉，律时乃圣智。"

信阳光山县蒋氏字辈，北蒋："天平万德阳（扬）、秀振启世昌、永可少（绍）年房、定安运远方"；南蒋："大中家业盛、修德福延昌。北蒋与南蒋为两亲兄弟所分。"

永城县蒋氏字辈，三经堂家谱派系："维文之臣、士笃靖共（贡）、京书立本、石大家生。"

南阳宛城官庄蒋氏大蒋庄、小蒋庄字辈："学、敬、宗、继、昌、木、家、先、邦。"

南阳镇平蒋坡村家谱派系："德法士文生立凤、嘉善懿兴世彬宗。"新续二十代："旭、光、高、照、明、乾、坤、中、原、景、永、存、伟、业、长、英、才、万、年、青。"

南阳蒋氏字辈："甫可国如，云希文世，延光海绍，全逢天恩"。又续宗派十六字为"生贤立志，克家振邦，功德永昭，鸿业丕昌"。

南阳蒋氏字辈："志、芳、文、明、玉、华、章。"

南阳蒋氏字辈："万世永怀，志心德月，敬宗吉昌。"

南阳蒋氏字辈："全丰天恩生贤立志开家振邦。"

焦作修武、辉县字辈："宗中水顺雨，汝光奇臣玉。万昌克可茂，性学家成矩。正志理本泰，立心行尚虑。天体辈忠良厚，裔业永邦与。祖示同保嘉，律时乃圣智。"

周口太康县蒋湾字辈："存、学、家、成……。"

濮阳蒋氏字辈：清丰蒋孔村蒋氏，迁始祖名讳不详，二世：只臣、帝臣，三世：克勤、克俭……，第五世辈字："玉希国士体，世现庆凡祥，令德房春右，恩臣列少阳。""世"字辈为蒋氏第100代，"庆"字辈为蒋氏102代。

清丰县蒋氏字辈："玉希国士体，世现庆凡祥，令德房春右，恩臣列少阳。"

河南蒋氏主要名人

蒋廷瓒，滑县人，明山西左参议。蒋瑄，禹州人，明四川左参议。蒋蔚，睢县人，四川学政。蒋辰祥，睢县人，选翰林院庶吉士。蒋曰纶，睢县人。清工部右侍郎。蒋予蒲，睢县人，仓场侍郎。蒋周南，睢县人，政和知县。蒋予检，睢县人。江西景德同知。蒋兹，睢县人，濮州知州。蒋艮，商城人。翰林院编修。蒋发，温县人，太极拳派创始人。蒋湘南，固始人，晚清著名学者。蒋海清，巩县人，光绪舞阳县知事。蒋亮熙，河南人，清朝画家。蒋峨，嵩县人，同盟会成员，镇嵩军参议。蒋式芬，祖籍新蔡，两广盐运使。蒋麟祥，项城人，代孟津县知事。蒋立成，镇平人，民国察哈尔省参政。蒋尚，镇平人，第17路军少将高参。蒋虎志，临汝人，第六战区少将总务处长。蒋光慈，固始人，现代著名作家。蒋修仁，光山人，抗战名将，第26军44师师长。蒋镜青，河南人，1931年河南省委秘书长。蒋冠卿，永城人，中共永城县委书记。蒋德裕，滑县人，国民党新疆骑一师少将师长。蒋启祯，商城人，国民党第311师少将副师长。 蒋荣平， 河南人，黔桂边区绥靖司令部参议。蒋心亮，夏邑人。国民党游击纵队苏北29纵司令、商丘地区行署专员。蒋铁心，镇平人国民党第58军新2师少将副师长。蒋金城，镇平人。台湾军队联勤司令部中将政战主任。蒋秀， 博爱人，博爱县第一个女共产党员。蒋豫图，开封人，军事医学专家。蒋汉卿，永城人，解放军总医院政委。蒋林布，项城人，人民英雄。蒋敬生，项城人，著名曲艺作家。蒋彩苹，汝阳人，中央美术学院教授。蒋善学，永城人，解放军测绘学院正师高工。蒋岐山，镇平人。中国船舶集团东北公司党委书记。蒋青芳，汝南人，复旦大学教授。蒋南亭，商城人。贵州省高院副院长。蒋自周，漯河人，漯河市人大副主任。蒋家振，民权人，河南省地矿局副局长。蒋笃运，永城人。河南省人大副主任。蒋韵，开封人，太原市文联副主席。蒋益民，孟津人，开封市委副书记。蒋立，荥阳人，河南省移民办副主任。蒋承顺，林洲人，河南省体育局副局长。蒋克勤，郑州人，许昌市政法委书记。蒋从文，新野人，新野县政协主席。蒋成章，宁陵人，新疆和田地区财政局局长。蒋贡敏，永城人，河南省汽车行业协会常务副会长。蒋美兰，永城人， 开封市副市长 。蒋健，周口人，重庆市万州区人武部部长。蒋建农，信阳人，《求是》杂志社红旗出版社长。蒋光忠，光山人，长江大学副书记。蒋志安，项城人，漯河市副市长。蒋愈红，周口人，河南电视台《梨园春》总导演。蒋宁，西平人，中国歌剧舞剧院演员。蒋秀娟，永城人，2006感动中国候选名单。

通过追溯河南蒋氏的起源，探究蒋氏的发展，了解蒋氏的现状，对于河南省蒋氏子孙的寻根文化算是一个小小的线路。更多的仍需大家去认知，去了解世间自己，毋庸讳言，作为一篇论文，该文还存在种种不足。

注　释：

[1] 《中国的百家姓》王大良主编，百花文苑出版社。

[2] 《蒋氏族史概论》，睢州《蒋氏家谱》1990 年本，第 12–13 页。

[3] 《中国的宗谱》徐建华著，百花文苑出版社。

[4] 光绪《柘城县志》。

[5] 参考网站：中华蒋氏寻根网。

蒋氏族源考略

蒋鸿林*

蒋氏，姓源单一，以国为氏，周成王二年（前1054年）始封蒋国于河南省获嘉县西北（今焦作市辖区），先圣周公第三子伯龄为其始祖，子孙后代遂以国为姓氏。《左传·僖公二十四》云："凡蒋、邢、茅、胙、祭、周公之胤也。"《新唐书宰相系列表》与《通志氏族略》有相同记载。《据荀子·儒敏》说：西周初期分封了71国，姬姓之国有53个。笔者考证属于周公后代的有七国：长子伯禽，就位于鲁国，父之封邑。凡——凡伯（河南辉县西南），蒋——伯龄（河南获嘉西北，后迁淮滨期思镇），邢——苴·靖渊（河北邢台，后迁山东聊城西南），茅叔（山东金乡），胙——胙侯（河南延津东北），祭（郑州东北）。据山东乐安蒋姓后裔及莘县、郓城，广西和苏北地区九侯堂族谱记载，蒋国始建于古修武邑（获嘉）山阳之地，后南迁尉氏县西蒋城。周平王时为加强对淮河流域的控制，再封王侯于弋阳（今淮滨县期思镇）。周敬王二十九年（前491）23世姬简为国君时迭遭楚侵。至楚惠王四十四年（前445）方被楚国灭掉。之后，除少部分留居蒋国外，其他族人早已迁往曲阜、内黄、濮阳、广平等地，至30世庚詹公封乐安郡公，率族人迁往乐安境地，繁衍后代，到秦汉时期已发展成为望族大家，始有"乐安堂"号。

---

* 蒋鸿林，河北省邯郸市卫生局。

蒋氏地域分布广泛，历史上是个比较典型的南方大姓。20世纪末统计人口已达600余万，占全国总人数的0.48%，百家姓中居第39位。族人相对集中，其中：江苏、浙江、湖南、四川、陕西五省人可占半数以上。其次是两广、安徽、江西、河南、湖北、福建、贵州及山东、山西两省。

古代蒋氏的图腾族徽是掌握建木（传说中一神木）天杆刻度的氏族，另从《说文》曰："蒋，蒋也。从艹，将声"。蒋，一古代植物"茭白"专用名，今为姓氏所用。关于蒋氏姓源，有书传称存在姬姓蒋与子姓蒋之区别，但在古今蒋氏家族内部及历代族谱，宗祠记录中无此传闻，本人经过十年的蒋氏寻踪考证，也未得出结论，故认为是后人附会、杜撰而已，但历史上确实存在南蒋、北蒋之议。至于朝鲜族、蒙古族、回族之蒋姓，资料查证，他们的先祖姓氏初源均为汉族蒋姓。满清蒋佳氏改蒋，那也是近代的事情，距今时间也超不过三百年历史。何况他们分布区域局限，人员较少，对主脉蒋氏影响不大。

蒋氏的姓氏郡望主要是山东"乐安郡"（高青、广饶一带），实际上就是西汉时期的千乘郡。《百姓笺注》云：孙、蒋、洪氏的郡望为乐安郡。蒋氏地望并不含糊，早在东汉永元十年（98）已经置立。由于西汉初年"迁天下富豪于关内"时，山东蒋姓人家随田景之族迫徙关中，晋末蒋氏（蒋少游家族）又作为"平齐户"再迁山西平城（今大同市东）。所以自南北朝始山东郡望已名不副实。以致后朝便有汝南乐安、江西乐安之说。继乐安郡望之后，蒋氏族人又复徙河南、山东、陕西，再形成主要地望和堂号，如：乐安堂、三径堂等，到东汉时期已续成著名堂号蒋氏九侯堂。由于蒋姓族人在江浙一带发展较快，繁衍昌盛，故历史名人也多出于此。时有"江南无二蒋，尽是九侯家"之说。后人楹赞曰："花色遍四封之丽，竹阴留三径之清。”

文载，陕西长安建有“九侯堂”祠，笔者于2006年考查，今长安区杜陵已无故迹，但有一村庄名曰蒋家庄，乃明嘉靖年间从别处移民定居，据传原古祠祀蒋氏先祖蒋一清（蒋氏第37代）家庭及其后裔，蒋满（蒋氏42代）淮南相，蒋万（蒋氏第43代）弘农太守，蒋诩（蒋氏44代）兖州刺史，蒋横（蒋氏47代）大将军，九江侯。九侯堂与东汉大将军蒋横直接相关，其衍生过程是这样的，东汉光武帝时，蒋横讨赤眉军有功。升大将军、太尉，封九江侯、逡遒侯。后遭迫害致死，待皇帝觉醒后，纠冤封子，九个儿子以其所居之地分支受封。长子颖会，字伯达，封金华侯，徙居东越（今浙江东南部及福建东南部）为金华地区蒋姓始祖，系东阳支。后裔名人有：蒋子文（钟山堂祖）东汉秣陵尉，蒋劲吴，交州刺史，蒋士宏唐大理寺少卿，元著名学者蒋元、蒋允昇父子，近代诗人蒋海澄（艾青）等人。次子郑公，字澄康，封会稽侯。后裔分居在信安（衢州）义乌、暨阳（诸暨），为会稽（绍兴）蒋姓始祖，系暨阳支。三子川公，字慈明，称明公，封临江侯。赴任酒泉太守，后徙居丹阳（丹徒镇）为江苏丹徙蒋姓始祖，系丹阳支。四子耀公，字正理，临湖侯。历任上党太守，徙居湖南零陵（湘乡）为湖南、广东蒋姓始祖，系零陵支。后裔名人有：蒋琬，三国蜀尚书令加大司马。蒋雷复，东晋建康刺史，蒋文辕，北宋吏部郎中，蒋朝冕，元广西府尹。近代文学家蒋冰之（丁玲）等人。五子渐公，字嗣兴，封临苏侯拜中昌太守，为上海、苏州蒋姓始祖，系吴江支。后裔名人有：蒋泳，唐廉吏，五代诗人蒋贻恭，蒋以忠，明广平知府。蒋廷锡，清文华殿大学士，礼部侍郎。蒋方震，近代军事家等人。六子巡公，字明叔，封浦亭侯。子孙分居杭州、余杭、钱塘一带，为浙江杭州、余杭蒋姓始祖，系钱塘支。七子蒋稔，字孝芳，世袭父爵九江（辖九江、庐江两部）侯，为江西、安徽蒋姓始祖，系九江支。此人从未渡江南下，卒后葬安徽、萧县程蒋村。世说江北第一先祖，后裔八门分居地是斑公为永城夏邑支，忞公为肖县砀山支，彦公为沛县丰县支，斐公为铜山支，黉公为宿州泗州支，罄公为寿州支，荧公为亳州商邱支，荦公为山东直隶支。后裔分布在豫皖苏北部，山东、河北南部、江西及山西部分区域，蒋氏沛丰堂便是其中一支精锐。八子蒋默，字秀芳，封云阳侯（陕西淳化西北）后徙居阳羡县（江苏宜兴市南） 滆湖东竹山，为江苏阳羡湖东蒋姓始祖，系东湖支。九子蒋澄，字少明，封（0u）亭侯，居阳羡县滆湖西津蒋宅村。为江苏宜兴蒋姓始祖，系湖西支。本支人丁兴旺，志士颇多。名人有：蒋枢，晋吴郡太守，浙江台州蒋姓始祖。蒋济，三国魏都乡侯，蒋显，唐四明监盐官，蒋浚，明北宋尚书金部员外郎，蒋岘，南宋殿中侍御史，蒋芾，南宋枢密院事。清代兼吏蒋兆龙，民国军事家蒋百里，总裁、国防最高委员会委员长蒋介石等人。

九侯堂是蒋氏最大堂号，大江南北，区域广大，人口众多。另外，各地还有很多自立堂号，有：居易堂、亦政堂、追远堂、慎枢堂、忠雅堂（广西）敦睦堂、一梅堂、管友堂（江西）永恩堂。不完全统计就达45个以上，各个堂号代表了分宗支族的地域性特征，又体现出了血缘亲疏的社会功能。为寻根祭祖，修谱建祠，宗亲联谊，典定了基础。

蒋氏家乘谱牒比较明了，自成系统，历史追溯有据可查。唐、宋、明、清，民国时期都纂修过全国性蒋氏大谱，况孟轲、苏东坡、杜牧、文天祥等历史名人都曾为蒋氏家乘谱牒做出过贡献。江苏常州蒋氏族存《太祖周公庆传名训》书云为蒋氏三千年前的最早家训，实则是蒋族传承36世之辈字："伯本仲英，季庆叔承，诞殷饬纪，德肄彝明，师甄蟾静，毓圣简祯，振远绍武，元庚鼎呈，祚迁宗立，维嗣伯龄。”

综上所述，江南蒋氏族人，宗支脉络比较清楚。播迁与演变过程详实，但历经千百年后族人交错定居，融为一体，很多地方已经联宗定谱，统一辈字，维系宗祠。北方蒋姓族人，由于人员稀少，居户分散，加上自然灾害，多次战乱诸多原因，许多家族的姓氏祖源仅能追溯到明初大迁民之后，笔者受委托，历经十年的蒋姓寻踪和考证，涉足五省80余县市，行程上万公里。“苦其心志，劳其筋骨”，深有体会和品味。自喻：“苦中亦乐，自有收获，寻根问祖千山水，晋冀鲁豫苏（硕）万果。”现将部分实地考察之处，摘录如下：

广平郡蒋纪康（蒋氏第12代）乃全国九侯堂五十七处之一居地。当今广平蒋庄蒋姓为明初移民后裔，已传世30余代（15世前佚记），约有人口四百余，因无族谱记载，世代情况不详。大名府（县）东马陵蒋姓，传世代数不详，为土著老户人家。明陕西凤翔府通判，蒋劝乃其族人。邱县南辛店蒋姓，迁始祖蒋大，仕军官，永乐二年从江苏北迁，现已传世22代。后裔分居在邱县、临西、馆陶、北京（通州）等地，人口约三千余。族有新修家谱。明贵州道监察御史，山西佥事蒋昺，清徐州通判蒋继祖，清直隶平乡知县蒋振周等人乃其族人，邱县蒋姓为邯郸蒋姓族望之地。肥乡县前王固蒋姓，迁始祖蒋子荣，明初移民，现传世24代，族人约六百口，明御史，河南佥事蒋勋为其族人。魏县后大磨村蒋姓，迁始祖蒋大成，明洪武二十二年山西移民，传世24代，族人千余口。明清族谱被日寇毁灭，现正补修家谱，清同治年大名府贡生，国子监编修蒋纯儒乃其族人。另，山西大同蒋姓为同宗一支，明嘉靖年间佥都御史，兵部尚书蒋应奎，为同门族人。迁始祖名讳佚记，后裔分居大同市南竹林寺，应县、右玉等县16个村庄，人口约三千余人，聚成晋北望族。大马村蒋姓，明永乐十二年山西蒋家堡移民，现传22世，族人约五百，清山西平遥知事，蒋绣乃其族人。本支及马河口蒋姓有说同大磨蒋姓为同门一家。沧州旧州东关蒋姓，迁始祖蒋道清，宜兴人，明永乐二年云南楚雄知府，因洪涝受阻，寄籍于此，二世盈、江西司郎中。第五世蒋山，迁山西武乡蒲池村。为山西蒋姓族望，后裔分居在太原市、武乡县等地。蒋子龙，沧县窦店村人，天津市文联协会会长，当代著名作家。为蒋道清第十七世孙。沧州蒋姓“大”字辈家存明清族谱。海兴县蒋姓迁始祖蒋耀先，系山东庆云蒋大公后裔。蒋大公，江宁人，明永乐二年北迁为渤海郡蒋姓始祖，据说与沧州，蒋道清同辈相称。现传20余世，人口三千余，族存家谱记载为九侯堂后裔，首次透露信息东汉大将军蒋横，曾收蒋姓义子一人。七子蒋稔袭父爵九江侯并义子及族人组成宗支，“后裔遍布北方各省”。博野县东城根蒋姓，迁始祖蒋福。明初小兴州移民，现传世22代，族人约四千余，分布在附近区域，为博野蒋姓望族。清代时家族曾三次纂修家谱，族存清代家谱。晋州蒋家寨蒋姓，迁始祖蒋益，江苏宜兴人，明初移民，现传20余世，族人千余。明清时期有族人在吏部、南阳任职。衡水阜城县蒋坊蒋姓迁始祖名讳不详，仅知是从安徽凤阳迁居。明初任河间府吏，弟兄3人定居蒋坊、蒋村、寇村。传世代数不详，族人约四千人。北洋陆军参谋总长，靖威将军蒋雁行乃其族人。另，深州蒋姓为中国人民解放军中将蒋顺学之籍地，族人分布在县境及辛集一带。保定高阳县东于堤蒋姓，从赵堡辛庄迁居已十余世，族人约三百。建国后培育大学生20余人，博士生多人，建国初期，有族人曾任重工业部副部长。唐山滦县蒋庄，始迁祖蒋大雍山西宜山柳州人，明初移民。廊坊固安县北上房蒋姓，迁始祖名讳失传，为清代著名学者蒋立镛故籍。民国直系军长蒋鸿遇乃其族人。山东广饶蒋姓，迁始祖蒋成，明初从渤海郡迁居，传世22代，族人约五千口，分居附近区域及临沂地区，族存近代家谱。莘县蒋姓，迁始祖蒋郕（蒋氏96世），明洪武三年山西移民，居城北三里蒋庄。第五世蒋诚复迁台前县蒋庄，十世蒋煜再迁阳谷城南蒋庄，为鲁西蒋姓族望，族人约五千余口。本蒋清代荣誉“翰林之家”，1996年新排40个辈子，“善”字为蒋氏112世至151世“昌”字辈止。临清、冠县蒋姓自叙为嵋阴移民后裔，本人查证中国自古没有嵋阴地名，实是濛阴的谐音，两地有蒋姓人口两千余。聊城东昌区王花有蒋姓人家，族人蒋大灿清顺治年间迁居陈蒋村。莱阳蒋氏始迁祖蒋仕安，浙江长兴人。洪武十八年授千户侯，后裔定居莱阳、聊城、西霞等地。莱州程郭蒋村蒋氏，明初洪武二年弟兄二人蒋兴、蒋旺从四川焦子郭嘎子县大槐树下迁居，现已传30代。另外，夏丘镇燕窝蒋家，沙河东蒋家还有蒋姓居住，据说也为明初四川、河南移民迁居。

河南滑县蒋氏，始祖迁移时间和名讳均不甚清楚，经查阅《中国历史名人大辞典》得知，蒋廷瓒，明洪武年间进士，永乐时工部侍郎。其籍地乡、村、记载不详，族无家谱记载，当今滑县志找寻不到相关事记。清丰蒋孔村蒋氏，迁始祖名讳不详，二世：只臣、帝臣，三世：克勤、克俭……，第五世辈字是：“玉希国士体．世现庆凡祥，令德房春右，恩臣列少阳。”据族人讲述，“世”字辈为蒋氏第100代。“庆”字辈为蒋氏102代。汤阴县北五陵蒋氏，迁始祖蒋伏山，明洪武十三年从湖北黄梅县新古城迁居。五陵乃蒋通之后，达迁浚县大齐村，迪迁鹤壁市（集）。族修新谱载记，二世起各自分居。修武县南孟村蒋氏，迁始祖蒋清平，字洪同。明初从河南睢县迁居，祖籍江西洪都新建县半坡店。后裔分支散居在修武县境大位村、雪庄及辉县峪河蒋庄等地。本支蒋姓在明末已和商丘地区蒋氏家族联宗定谱，民国时期蒋介石指令修全国蒋氏大谱时亲为宗支祠堂命名题词："忠雅遗芬"。族续50辈字："宗中水顺雨，汝光奇臣玉。万昌克可茂，性学家成矩。正志理本泰，立心行尚虑。天体忠良厚，裔业永邦与。祖示同保嘉，律时乃圣智。""家"字辈为蒋氏第120世。族存家谱记载，本阜现传20余代，人口两千。商丘蒋姓联宗人数达三万余，清乾隆年间进士，后仕工部右侍郎蒋曰纶乃其族人。获嘉县蒋村，村碑记载，明代以前有位蒋姓总兵曾驻军在此。村庄名蒋家营，民国时期改称"蒋村"。获嘉县志记载，本地蒋姓早在西汉时期已在此定居，为老户人家。汉高祖刘邦曾在村北筑高台，修建"天爷庙"，遂改蒋庄为高庙村。吾曾两次赴本处调查考证，从高庙残石碑上查见，（1808年）"嘉庆十三年岁次戊辰五月初日蒋振口，住持僧元祐字样并以同宗联谊形式从一老妪口中透出信息，本蒋早年从东南方向六十里"王路"迁居来的，后经实地调查．王路实际上是原阳县与武陟县交界处的"王禄"村。高庙蒋姓，无族谱记载，迁姓祖名讳和代数不详，现有人员二十余口，谨此，足以代表一方蒋氏，因获嘉是蒋姓最初发源地，蒋国始封之地，蒋姓族人能在此定居繁衍千年，乃世罕见，实则不易也。淮滨期思原称蒋国故都之城现仅存城墙遗址，原城门处树立县文物保护碑一通，地基上已无任何古建筑物。据1983年《中原文物》特刊记载，蒋国故城东西长1700米，南北400-500米。护城河南1.5公里处，仅居住一户蒋姓人家，无谱无辈字，几代单门独户。城南有茔曰"万寿陵"，乃蒋姓始祖蒋伯龄安葬之处，现正在修缮之中。四世英旺公茔葬兖州曲阜县城南20里，墓曰"永寿东陵"。其后先祖茔葬山东、河南、陕西等地。古城西固始县蒋姓明初江西移民，蒋集有蒋姓族人千余，但现在已归属回民蒋姓，历史因由不详，清乾隆年间陕西同州学院学者蒋湘南乃其族人。蒋氏22世圣褒公居安阳（今焦作市安阳区韩蒋村蒋国古阜）

49世荦公乃稔祖第八子，东汉延光年间翰林学士旨治水利，家居濮阳古韩。67世少游公祖籍乐安，北朝魏之名士，工书画、建筑设计大师，位高极品。75世庆绪公山东莱州人氏，唐监察御史曾兼职魏州刺史，因为官清廉，并拢蒋氏，维系宗祠，有功于民，而英名在世，乃冀豫边区蒋氏之先祖也。山西洪洞，万千人们心驰神往的地方。一曲民谣唱出了几个世纪以来人们的心声："问我祖先来何处，山西洪洞大槐树。祖先故居叫什么?大槐树下老鹳（鸹）窝。"洪洞作为明初最大的姓氏集散地，其后裔已遍布大半个中国，吾从事姓氏研究以来已去过3次祭拜大槐树，寻根问祖，追本溯源。明初移民家谱记载的"茂柳村"实是今临汾市西北的柳村镇，已在威县蒋氏家谱、曲周王氏家谱中得到证实。虽说蒋姓在此人数有限，但仍以为是内心向往的圣地。洪洞县西营村蒋氏，迁始祖名讳无记，据说为军户人家，早年从临汾汾河边上迁居来的。另说，明朝时期从山东迁移到此。本蒋没有族谱记载，未排辈字，传世代数不清楚，现有族人约五百口。除外，境内其他地方蒋姓人家，都是清末民国时期，河南、山东逃荒寄籍的。明朝初年洪洞有无蒋姓，这是一个考证多年的问题，截至目前没有确切资料能够说明。包括晋东南地区的十余个县市，蒋姓人家甚少，好多县（黎城）内为蒋姓空白。若有几户蒋姓人家也是河南、河北、山东逃荒、避难复迁山西的。武乡蒲池村蒋氏，据吾考证是明初大迁民后，从沧州旧州东关迁去的，迁始祖蒋山为沧州第五世后裔，沧州蒋氏族谱中有明确记载。现蒲池蒋氏已传世约20代，人口千余，族人分居在，蒋家庄、沁县西段庄、西上渠、太原市等地，为山西蒋氏望族。泽州桃元村，潞城中村蒋氏是清代从河南迁居的，已传十多代，各有人口百余。平顺县路家口村，高平市城东村，长治县南和村，壶关县贾掌村，屯留县贺家岭，平遥县道备村，襄垣县侯堡等村，蒋姓人家均为零散居户，人员超不过百人。今临汾市西南金殿，襄陵一带，乃古平阳郡，河故地，吾专程查寻清顺治年进士，礼部右侍郎蒋宏道及进士弟蒋宏绪，但事违人愿，未果而归。后查阅《山西历代进士录》《平阳府志》方知蒋宏道家族已在明时已寄籍顺天（北京）大兴。通过近年考证认为，东北三省境内的蒋姓族人，多是山东北部河北中北部蒋姓移民的后裔。特别是清咸丰十年启关后“民涌口关，自呈常市”。但有资料说明，早在北燕时期蒋姓族人已从平城迫徙龙城（辽阳），也有明初从山左（山西），山后（长城北）迁居的。现已知道，吉林双辽、蛟河、敦化、东丰，辽宁沈阳、朝阳、辽阳、鞍山及黑龙江省牡丹江市有蒋姓人家，目前，正通过不同方式进行着宗亲联谊。

由于历史原因，时过境迁，许多以蒋命名的村庄，现已姓去族空，实地考察得知，广东淡水北蒋庄，河北赤城蒋家堡、清苑蒋庄、馆陶县蒋村、魏县蒋村，磁县上蒋、下蒋，大名县郭蒋。山东东明蒋庄、聊城蒋官屯、莱州蒋家疃，郓城蒋庙。河南南乐蒋屯、安阳蒋台屯。山西右玉西北蒋庄、长治蒋村、常蒋村、平遥蒋家堡等地，已无蒋姓人家，何时以蒋姓命村。待考。总而言之，蒋氏乃百家大姓之一。源渊流长．华夏同宗．贤士英杰．灿若繁星。吾蒋氏溯源一文，实为蒋氏探秘之作，寻觅之书，意欲唤起研究蒋氏，复兴蒋氏之风。为古赵文化增光添彩，为姓氏民俗文化拓注生机，达到传承，弘扬之功效也。

再论蒋氏祖籍

蒋远举*

本人在众多蒋氏贤达的支持下，为寻根问祖，三去湖南往返，并走访江西、广西全州、湖北、陕西、南京、上海、浙江、云南、贵州等十余省市30余县200余乡，1997年主编出版川渝十余县市的《蒋氏族谱》，2005年春，主编出版《蒋氏族谱》首卷，现在广大族人支持下正编修《通谱》第二卷，在漫长的调研蒋氏史料工作中，所阅的各地不同蒋氏谱本300余本，对蒋氏起源地的记载，多数认定蒋氏起源祖籍地在河南期思，然而有不少蒋氏谱谍存在误传或按个别历史学家的误解记载，对蒋氏祖籍发源地众说纷纷，有说光山仙居，有说固始蒋集，有说河南尉氏县……，甚至个别报刊还作不实报道。

当今著名学者杨伯峻先生完成于20世纪70年代末的巨著《春秋左传注》，集中概括了历史上有关蒋氏发源地的几种不同看法，对于研究蒋氏祖居地有重要参考价值，但未能作出准确定性。按杨先生概括的三种说法：其一，今河南固始蒋集；其二，今河南尉氏县蒋氏；其三，今河南光山县。在这三种说法中，杨先生自己认为“以第一说较为可信”（见《春秋左传注》第一册第四二三页，中华书局一九八一年第一版）。其实这三种说法从当今的实际情况看都是不正确的。

---

* 蒋远举，四川省安岳县。

其一说：杨先生的根据是杜预的《春秋经传集解注》，这本来是没有问题的，但在具体解释时，却将地址弄错了。这得先从期思县说起，西周时期，周公姬旦第三子伯龄封于蒋地，都城即在期思，春秋时期，蒋国为楚国所灭，楚改其都城为期思邑。秦改为期思县，属衡山郡（指今大别山区之衡山，非今之湖南衡山），两汉仍为期思县，属豫州汝南郡，三国两晋时期，仍为期思县，属豫州弋阳郡，所以杜预在《春秋经传集解》中注为：蒋氏在弋阳期思县这是完全正确的。南朝宋时秦始年间（465–471年），置固始县。期思县仍存在（治今河南固始县东北），南朝梁时，废期思县，并改固始县为蓼县，后又复为固始县，原期思县归属固始县，为其乡镇之一，其位在今固始县西北淠水（今白露河之西即今之东经115.5′，北纬32.4′，而固始县治位于（今史河）之西滨，即今之东经115.7′北纬32.2′相交处，而蒋集则位于今固始县之东北.可见无论古今，期思与蒋集并非同一地方，至今期思仍为一乡镇，唐时期为淮南光州固始县属地，直至民国时期均为固始县属地，新中国成立后，于一九五二年经国务院批准，由固始、息县二县析置淮滨县，期思由原来固始县析出，归属淮滨县，至今仍属淮滨县，为该县重要集镇之一，所以西周蒋国期思在今河南淮滨县，把固始县东北之蒋集当成蒋国都城期思，是不正确的。

其二说，清代史学家高士奇（1645–1704）在著《春秋地名略考》时，根据北宋初乐史（930–1007）的《太平寰宇记》所记载，说今河南尉氏县西六十里有蒋城，是蒋国国都所在地，这种看法的根据是不足的。乐史晚于杜预700多年，照理应该能看到杜注，为何否定期思，无论古今尉氏县均与期思相隔很远，从地理沿革上看，两地并无关系，故有望文生义之嫌。

其三说，根据北宋欧阳修、宋祁的《新唐书·宰相世系表》

《蒋氏出自姬姓》，周公第三子伯龄封于蒋，其地光州仙居县是也，宋改为乐安。这里在涉及四县地异名的地理沿革问题，南朝宋元嘉25年（448）置乐安县（治今河南光山西），隋开皇18年（598）置光山县（治今河南光山县）唐天宝六年（724）改乐安县为仙居，治所不变，北宋太平兴国年间（976–984）改光山县为期思县，不久又改为光山县，所以乐安县、仙居县、期思县、光山县只是沿革名称的变化，其实均为今河南光山县，欧阳修宋祁将杜预注之期思误以为北宋之期思县，亦即唐时的仙居县，加之唐五代北宋时期蒋国故城期思归属固始县亦在光州之辖，所以有光州仙居县之说，后人因此解释蒋氏祖籍起源在今光山县（按蒋氏史料记载有：蒋氏十七世国君曾因战乱迁居仙居县住过，这也仅仅是当时战乱迁居，而蒋氏封地起源期思也不会因此改变的），虽是有根据，然而终归是历史学家之出于当时局限之误会。

以上三说都不准确，此外还有一说，即认为伯龄所封之地在今河南鲁山县东，这亦是无根据的误传，因鲁山县在历史上与期思并无关系。更有甚者，由学无主编深圳海天出版社1996年出版的《百姓祖宗图点》一书，居然将蒋地解释为今湖北省仙居县，当今的河南光山县是早已代替了仙居县，全国也只有浙江才有仙居县，至于湖北历来都没有仙居县，真是天方夜谭。综上所述，关于蒋氏的祖根地，如前引证的：西晋著名史学家杜预（222–284）在《春秋经传集解》第六《僖公中》注释说：蒋在弋阳期思县（见第一册第三四七页面）。上海古籍出版社1978年第一版注释，这是迄今最准确的解释。蒋氏本姬姓，西周初期，著名政治家周公姬旦第三子伯龄受封期思侯，古蒋国都城即今河南淮滨县期思镇，人称蒋伯，受封期思侯为西周诸侯国之一，后嗣子孙以国为姓，遂有蒋氏，据春秋左传记载，凡、蒋、刑、茅、胙、祭周公之胤也，伯龄公为蒋氏始祖是确凿无疑的，历史的看法和传承是一致的，蒋氏的发源地即今河南淮滨县期思镇，淮滨县人民政府20世纪80年代中期先后在期思蒋国古都遗址立碑纪念，为省级文物保护单位，因此河南淮滨县期思镇为蒋氏起源地，从此再无疑义了。

蒋、王、常姓渊源初探

常俊记*

沿淮民间有句“百家姓是一家”的俗语，看似偏颇，细思华夏姓氏在历史长河进程之盛状，亦情在理中。纵观安徽怀远蒋、王、常三姓及河南淮滨蒋国之源流繁衍的史迹，足可探幽。

一、三姓之根溯源

中华民族“滚雪球”式的发展趋势，华夏集团以夏民为主体，兼“四夷”族团中的部分族民，经过商灭夏，周灭商，政治中心由中原之夏，移至渭水南之周。华夏始祖即周之始祖黄帝（姬姓），曾孙喾为部落联盟最高军事民主首长，生子姬弃，在禹建夏朝任农官，其后代延至商之亶父，居周原更名周国，才有后来建立的周朝。

蒋姓的来源主要出自姬姓，以国为姓，西周初期，周公旦的第三个儿子叫伯龄，被封在蒋，建立蒋国（即今河南省淮滨县），是周朝的一个小国。后来蒋国被楚国所灭，伯龄的后代子孙怀念故土，便以原来的国名为姓，沿用至今，怀远的蒋姓源出于此。

王姓源远流长，源头众多，主要来源有三种。一种出自姬姓，是周文王之后，衍化为三支王姓族源，其中一支是周文王第十五支毕公高的后裔，因本来是王族，他们便用“王”作为姓。另一支是

* 常俊记，安徽省怀远县文联。

东周灵王太子晋的后裔，因直谏被废为庶人，世人称为“王家”，于是以王为姓，还有一支出自战国四公子之一的信陵君魏无忌，魏国被秦灭之后，无忌之孙卑子逃往秦山，后被汉高祖刘邦封为兰陵君，当时人们因为其出身王族，称其为“王家”，后来卑的后代也以“王”为姓。王姓的第二种出自妫姓，为齐王田和的后代。舜的后裔妫满被周武王封于陈，传至公子完，避难逃到齐国，改姓田。其裔孙田和取代姜姓的统治地位成为齐国国君，史称“田氏代齐”，齐被秦灭后，田氏子孙被废为庶民，但齐人仍称其为“王家”，便以“王”为姓。王姓第三种出自子姓，比干是商王太丁的次子，为子姓，因苦心劝谏昏君殷纣王而被剖心致死，因此比干本为王族，子孙改姓为王。怀远的龙亢、河溜一带的王姓为周文王之后，皆属姬姓遗脉。

常姓最早的人物于五千年前的黄帝时代就有太司空常先和会占月的常仪。最早的常姓发源于今河南境内，常氏有一支出自姬姓，是周武王胞弟姬封的支庶后代，因其被封于康（今河南禹州西北），人称康叔，其子孙食采于常（故城在今山东滕州东南），子孙遂以邑为姓氏，形成常姓。怀远常家坟的常姓始出于此。

二、三姓迁徙分布状况

蒋姓迁徙分布大体分为六种状况：1. 先秦时期，主要在其发源地今河南一带发展。2. 汉代时期，由于战乱、做官诸原因，蒋姓已经发展到今陕西、山东、江苏、浙江、四川、安徽等地。3. 唐代初年，河南蒋姓有人开始进入今福建。4. 宋代时，已有蒋姓在今广东定居。5. 明朝，蒋毅庵跟随郑成功收复台湾，成为第一个进入台湾的蒋姓人士。6. 蒋姓分布很广，以四川、江苏、湖南、浙江较多，这四省蒋姓约占全国蒋姓人口的60%。上述六种皆为蒋姓在华夏之盛况，怀远蒋姓迁徙路线大体从河南至安徽，于凤阳、马城一带安居乐业至今。

王姓迁徙分布为九种：1. 早期主要在北方发展繁衍。2. 战国时周灵王后裔迁于琅琊（今山东省胶南市），后迁徙至临沂。3. 河内王氏越先为太原人，世居祁县，后迁至平州（今河北省卢龙县），又迁至河内（今河南省沁阳市）。4. 西汉时河内王氏迁至霸陵（今陕西省西安市东），遂为京兆（今陕西省西安市）人。5. 西晋末年，王氏开始迁往江南。6. 唐僖宗时，河南固始人王审知入闽，被封为闽王，同时还有王氏迁至四川、安徽、江西。7. 北宋元初，居住在福建的一支王氏迁入台湾。8. 王氏移居海外始于明清之际，主要分布在欧美及东南亚一些国家和地区。怀远王姓迁入属第六种，从山西河南鹿邑诸地而徙入。

常姓迁徙分布为六种：1. 春秋时已有族人在今浙江生活。2. 两汉时常氏已有人迁居今山西、四川，逐渐成为当地望族。3. 隋唐时期，常氏在陕西人丁兴旺，山东平原、河南洛阳的常氏也是当地的名门大户。4. 宋代，常氏有人移居福建、安徽。5. 明、清时期，族人的聚居已扩展到今湖南、辽宁、福建、广东、云南、贵州等省。6. 清代，大陆常氏开始入台开垦，随后，又有人移居海外，现主要分布于东南亚及欧美一些国家。怀远常家坟的常姓迁入属于第四种。

三、三姓在怀远繁衍发展的杰出人物

蒋、王、常三姓迁徙于涡淮沃土皆发奋图强，古往今来，三姓族人与其他入怀姓氏子民同道，代代秉承祖先宏志，悉心尽力建设家园，为国效力，多有建树，成为怀远复兴栋梁。三姓的先人尤为显赫，均涌现出可歌可泣的杰出人物，有的立业于古代，有的显功

于今朝，犹如太空耀眼的星辰，永恒普照华夏河山。

蒋济，字子通，怀远平阿人（今常坟镇孔岗）。博学多才，善于谋略，系曹魏四代辅臣。建安十三年（公元208年），孙权兵围合肥，此时曹操正出征荆州，军中流行瘟疫疾病，危势双临。万难之际，蒋济突发奇智，设谋骗走孙权，合肥保于安然。第二年，蒋济去谯郡拜见曹操，劝谏其迁徙民众为欠妥之举。曹操见其胸怀良谋大志，且忠诚仁厚，便拜其为丹阳太守，后升任为扬州刺史别驾。复加升为丞相主薄。曹操用蒋济之计，一举将关羽擒获。魏文帝曹丕即位，蒋济助其兴业，先后上书《万机论》、《三州论》，为文帝固边屯田出谋划策。文帝尤为器重，封其为散骑常侍。后取代大将曹仁，任中郎将之职。公元227年，魏明帝曹睿即位，蒋济深得器重，赐其爵为关内侯，并赞其曰："才兼文武，服勤尽节，每军国大事，辄有奏议，忠诚奋发，吾甚壮之。"景初二年（公元288年），升蒋济为护国将军加散骑常侍。公元240年，齐王曹芳即位，蒋济迁任领军将军，进爵昌陵亭侯。后不久加封都乡侯，旋病逝，谥景侯。

王韶，原名王毓贞，女，1912年生于怀远县龙亢富农家庭，1918年入私塾，1923年入龙亢小学，后考入芜湖省立第二女子中学，1934年反抗父母包办婚姻，离家出走考入北京师范大学。抗日战争爆发后，流亡南下。1937年参加中国共产党领导的"汇都抗日文救流动宣传团"，在皖南进行抗日救亡活动，1938年加入中国共产党，同江上清（革命烈士江上清是江泽民同志的养父）战斗在一起（后结成夫妇）。当年秋天，受中共安徽省工作委员会派遣，到皖东北地区开创抗日根据地，任邳睢铜地区苏皖特委秘书，英勇顽强，深受战士欢迎。同年，调任皖苏区党委任警卫连指导员、宣传部干事，7月，江上清在商谈团结抗日事宜途中不幸遭反动地主武装伏击，壮烈牺牲。此时，在分娩中的王韶，万分悲痛，立誓要把悲痛埋心间，化作坚强革命志，以两个人的力量为党工作。1940年，调任皖东北地委宣传部任科长，工作出色，挤时间教战士唱革命歌曲，1942年，调任淮北中学任语文教员（培养革命干部的抗大式学校），她教学认真，深入浅出，一丝不苟，深得师生好评，并得到彭雪枫、邓子恢等领导的关切。1944年3月20日下午，区党委驻地半城遭日军飞机轰炸，她不幸身负重伤牺牲，年仅32岁。

常遇春，（1330年-1369年），字伯仁，怀远县常家坟人，明朝开国元勋。他体貌奇伟，沉毅果敢，长臂善射。元至正十五年（公元1355年）四月，他投奔朱元璋，时正值明军攻采石受阻，他自请为先锋，飞舸直前，跃上三丈多高的江岸，大获全胜，深得朱元璋赏识。随即进军太平，被授总管府先锋，再升为总管府都督，后又历任大元帅、佥枢密院事、省参知政事等。他读书虽少，却很懂用兵，作战尤勇敢，常常出其不意地冲入敌阵，以少胜多。在鄱阳湖大战中，他射走张定边，救朱元璋脱险，击败陈友谅；在南征中，他力救徐达于牛塘；在北伐中，他夜袭敌营致元骁将扩廓贴木尔带伤而遁；在北征元朝最后巢穴——开平（元上都，今内蒙古正蓝旗东）之战中，他一举将元顺帝逐入漠北。常遇春忠于朱元璋抗元大略，舍生忘死，身经百战，百战百胜。年仅40岁突患暴病逝世于北征凯旋途中，朱元璋闻之大震，亲至龙江出奠，赐葬南京钟山北麓常家山，追封其与上三代皆为开平王，谥忠武，配享太庙，肖像功臣庙，位阶第二。

综上所述，蒋、王、常三姓同根同源，一脉相承。由此可见，百家姓是一家，乃中华民族人脉传承之神韵也。正如著名歌唱家宋祖英吟颂的“五十六族兄弟姐妹是一家”歌词那样，同种意境。作为血脉传承的姓氏，最早出现在中国，公元前三千年中国第一个姓——风开始，中国的姓氏随着社会的发展变迁，绵延不绝，泱泱华夏，姓氏高达二万二千多个，中华文化的统一性和连续性在姓氏的传承中，犹如日月经天，江河行地，千秋万代，昌盛永恒。由此可知，河南淮滨蒋国厚土，作为安徽怀远蒋姓的根之源，与王姓、常姓乃至众多的姓氏，福缘团结中华大家庭。

生为华夏子民，岂不幸哉！

浙中蒋氏郡望初探

蒋加良*

《现代汉语词典》注：郡，古代的行政区划， 比县小，秦汉以后，郡比县大。望，名望，也指有名望的人。《辞海》注：郡望意即世居某郡为当地所仰望。素有歌山画水之美称的东阳市（县级），位于浙江省中部，最早迁入东阳的蒋姓，距今近两千年了。据第六次全国人口普查数据 ，全市常住人口80.4万人，其中蒋姓2.5万人，占总人口的3.12%。从我市播迁到市外的蒋姓聚居地人口，现约有6万余人 。东阳蒋姓历代名人辈出。重教兴学，勤劳俭朴的东阳蒋氏缔造了深厚的文化底蕴，当今蒋氏研究氏族文化盛况空前，东阳确是中华蒋氏郡望之一。

一、播迁范围广，繁衍人口多

东阳蒋氏主要由两大支脉先后迁入，一是中华蒋氏第47世孙蒋横的长子蒋颖后裔，始迁地是东阳市歌山镇大里村；二是蒋横的第九子蒋澄后裔，始迁地是东阳市画水镇高砂。还有部分蒋姓人数不多，来源有待考查。

据东阳《泰里蒋氏宗谱》记载，蒋颖的长子承祖赘东阳羊府女。孝明帝永平四年（公元61年）始迁东阳，蒋颖的三十世孙士宏，官至唐大理寺少卿，被奉为东阳泰里蒋氏始祖，至20世纪初，

* 蒋加良，浙江省杭州市。

士宏的裔孙分布在东阳市内聚居的有23个村落，其中村内全部或大部分是蒋姓的有10个村。蒋姓聚居地人口较多的有：大里村，是士宏发迹之村，蒋姓2000人；士宏十四世孙仲普，从大里迁徙到前楼村，现蒋姓260余人，此村又先后分迁到市内的上溪、大山下、金门、麻车坞、曹塘、时旺等村；士宏十五世孙德惟从大里迁至前宅村，现蒋姓50人；士宏十九世孙儒受从前宅迁到石桥村繁衍蒋姓现近百人；士宏十九世孙儒明从大里迁到蒋村桥村，现蒋姓500余人；士宏十三世孙伯光从大里迁到上蒋村，现蒋姓约500人；从大里迁往市外的有新昌、临海、赣州、象山、缙云、嵊州、义乌、永康、衢州、磐安、广德、台州、诸暨、富阳、绍兴、浦江、青田、文成等18个县、市，蒋姓聚居地约4.8万人。

据东阳《安溪蒋氏宗谱》记载，蒋颖的二十三世孙蒋翚从仙居迁徙到东阳安溪（现为歌山镇下蒋村），现有蒋姓500多人，播迁在4个村约有1000人。

据东阳《会源将氏宗谱》记载：蒋澄的二十七世孙蒋勋，任唐至检校司空，御史大夫、金紫光禄大夫，仙居人。避战乱到东阳高砂（现属画水镇）定居、繁衍，其子孙分迁在东阳市内形成蒋姓聚居地，主要有黄田畈、横城、洗马塘、安儒、深塘下、蒋桥头、岩下、上泉、南岸、平坞、蟠松、上盛庄、高平等村落，蒋姓人口近2万，迁徙到东阳市外的蒋姓聚居地约1万人。

二、重教兴学，文人荟萃

东阳是教育之乡，东阳蒋氏历来重教兴学。士宏九世孙昌道（大里村）于公元1131 —1163年创建东阳南园书院，共有院室数百楹，须成堂聚书三万卷，堂之左为师位，右为书斋，招收四方英俊学子。士宏十世孙奉直大夫世炳继伯父兴义学。十一世孙绥宁县令彝之晚年归老于家又重兴义学于大里村南园。蒋沐（公元1217—？），洗马塘村人，宋景定元年（公元1260年）在住宅西建屋40楹，有大厅一座，左右斋舍12幢，创横城义塾，供诸生肄业。蒋沐的儿子吉相、孙子元、曾孙大同（又名伯康）四代人相继办学，前后历时120余年。全国人大原副委员长严济慈为其旧址亲笔题写“横城义塾纪念馆”牌子。

此外，还有一些蒋氏办学的记载：士宏十一世孙静海知县成忠郎持志于南宋嘉定年间（公元1208—1224年）在大里村创建双溪书院。士宏二十八世孙延祥于1896年在大里村首创绳武学校，即现今歌山镇大里小学的前身。上蒋村蒋氏在民国期间创办小南园学堂，曾获县令“义学名家”匾额奖之。1946年蒋姓集资办成上蒋小学，即现今上蒋小学的前身。1921年，仅有9户的前宅村蒋氏，利用贞善堂开设春冬馆，招收本村和邻村儿童就读。1948年前楼村蒋维经创办国民学校，即现今前楼小学的前身。

蒋氏文人荟萃，蒋士宏裔孙中登上文进士四名：孝忠（1207—1286年）、功炎（1218—1290年）、功曾（1227—1287年）、仲安（元朝）。登上武进士一名：蒋宗玉（宋代）。蒋勋后裔进士有蒋植（元代）和蒋瑜（明代）。士宏后裔中上举人共四名：功弼（1225—1276年）、伯清（1264—1323年）、伯涛（1278—1334年）、启源（1701—1764年）。

三、名人辈出，驰名中外

蒋氏进入东阳这块人杰地灵的风水宝地后，历代出了诸多名人。泰里始祖蒋士宏（881—932年），任唐朝大理寺少卿，正四品。士宏九世孙世炳（1170—1230年）是奉直大夫。士宏十一世孙孝忠（1207—1286年）任泉州知府，咸淳九年升金紫光禄大夫。蒋颖的裔孙从东阳走出去任县令、知县的就有10人：建宁知县机议、绥宁县令彝之、静海知县持之、常山县令琪之、黄岩县令功瑾、江山县令功辰、桐庐县令功言、庆元县令又任东阳知县功信、阴德知县德新、石城知县永庆。奉为东阳会源蒋氏始祖的蒋勋，任唐至检校司空、御史大夫、金紫光禄大夫。世孙蒋承郢（873—948年）官至银青光禄大夫。世孙蒋驷（907–989年）任至大理寺评事、朝议大夫、银青光禄大夫。蒋瑜，字纯卿，明嘉靖初任鄱阳令，发动县民筑堤百余丈，为民兴利，人称“蒋公堤”。后以御史巡按楚中，因年荒，奏免田租半数，为民敬颂。蒋一德（1888–1944年），字俨望，士宏裔孙，任陆军参谋本部杭州测量局股长。后创办杭州私立大陆高级测量科职业学校，任校长，主编图根、地形、星学等多种教材。

士宏裔孙中，现有博士后导师五名：炎尧（美国内华达大学）、成瑶（国家技术监督局）、大跃（美国密西西比大学）、美跃（北京大学科学院）、时才（煤炭科学研究院重庆分院）。

当代蒋氏名人在仕途中有：蒋仲苓，是士宏第六世孙廷默迁徙义乌的裔孙，任国民党中央副主席。蒋正华，士宏九世孙迁徙富阳的裔孙，任全国人大常委会副委员长。蒋巨峰，士宏迁徙诸暨磐山的裔孙，任中共中央委员、四川省省长。蒋勋裔孙蒋鸣义（1901—1962年）官至国民革命军少将。蒋金锵，是当代中国人民武装警察部队的一名少将。

东阳蒋氏百工艺人展才华。蒋雪舫（1841—1926年），士宏三十三世孙，上蒋村人，14岁父母双亡成孤儿，18岁自设制火腿坊，所咸制火腿命名为“雪舫”。清朝中叶曾作朝廷贡品，故雪舫火腿又有“贡腿”之称，1915年获巴拿马万国商品博览会金奖。

东阳蒋姓也不乏巾帼英雄。蒋君佩（1928—1983年），字芝湘，又名蒋冰，士宏三十三世孙女，大里村人。曾参加淮海战役，1950年入朝参战，1956年转业到武汉工作，1982年病逝时，中国人民解放军总政治部为悼念蒋冰同志在其墓碑上题字：

为新中国浴血奋战，数大战役功勋赫赫。
干四化甘当为后勤，艰苦奋斗克勤克俭。
巾帼戎马自古稀，纵横疆场堪称奇。
追随革命毕终生，唯愿忠魂且安息。

据《东阳市志》记载，抗日战争中的阵亡人士蒋姓有12名：蒋生法、蒋生贵、蒋红言、蒋成堃、蒋志培、蒋明旺、蒋宝根、蒋贤根、蒋忠荣、蒋品华、蒋根泉、蒋德富。抗美援朝战争中牺牲在朝鲜的蒋姓有五名：蒋士仁、蒋大盛、蒋文燕、蒋祖山、蒋祖洛。他们对祖国、对民族作出了应有的贡献。

四、名胜古迹，有珍又多

致和堂，俗称花厅，位于大里村，约建于公元1230年，由士宏十一世孙静海知县持之为文人吟诗作文所建造。堂为砖木结构，共三间，占地面积228平方米，建筑面积110平方米，顶高9.3米。前有天井、围墙，门窟书有“云龙青路”四字，画栋雕梁，精工细作，工艺超群。前之横梁众狮滚球，球中有球，风吹发音，堪称一绝。清嘉庆九年（公元1804年）重修。1998年8月，东阳市人民政府列为重点文物保护点。

蒋氏家庙，位于佐村镇前楼村，始建于明朝中期，占地面积约1200平方米，家庙总体结构由前厅、穿堂组成，前后各三间，左配戏房三间，庙内雕梁画栋，雕有“西游记”全集，古色古香。昔有汉皇钦赐大将军蒋横的“遂遒侯”门额一块，其他匾额32块，柱联24副对子，中悬白底黑字的“蒋氏家庙”匾额，庙前设有十15米高旗杆一对分立左右。至今家庙仍保持原貌。

卜颛裕墓碑，卜颛裕是奉直大夫蒋世炳（士宏十世孙）的夫人，其子蒋孝忠，时任泉州知府，于1252年为亡母卜颛裕所立。墓碑边长65公分，呈正方形，石刻碑文346字，书法工整，雕刻精细，1998年8月被东阳市人民政府列为重点文物。现存于大里村蒋大宗祠内。

作家楼，大里村蒋协民于1986年投资20余万元建成，1987年5月16日，日本文月会社访华团团长崛田幸存、秘书长上田吉辰等前往该作家楼做客。

蒋大宗祠，大里村，始建无考。1949年10月30日，中国人民解放军第三野战军35军105师313团2营进驻该宗祠，并作临时民主政府驻所。1998年9月在原址重建，耗资23.7万元，投工2200余，1999年9月落成。现专用于氏族活动。

会源蒋氏大宗祠，位于画水镇黄田畈村，1460—1470年始建，历经数次修建，结构规模未变。共有柱子120根，其中正厅有50根石柱，前后四进，左右夹厢，占地1458平方米，被列为东阳市文物保护点。

锄经堂，位于安儒村，建于明代末期，太平天国战乱中焚毁，1903—1906年重建。前厅三开间，建筑面积168平方米，后堂建筑面积163平方米。用材坚实粗壮，前大步圆柱直径54厘米，横梁雕刻着汉钟离、李铁拐、张果老、曹国舅、吕洞宾、蓝采和、韩湘子、何仙姑八位神仙手持宝物献瑞贺喜、各显神通的画面。

据《东阳祠堂》提供：截至2009年10月，尚存的蒋氏古祠堂、厅堂共有29座。

五、继承慎终追远的优良传统

东阳全市可查考的蒋氏总谱共12部，最早是在1240年编制的《泰里蒋氏宗谱》，至今共修缮过18次。进入21世纪，当代蒋氏无愧祖先，各自修缮宗谱，先后修缮上泉、泰里、南岑、龙溪岩下、前嵩、横城、义桥、安儒、鹏举、会源、安溪共11部蒋氏宗谱。近年来东阳人寻根问祖研究氏族文化热情很高，2007年底，东阳市谱牒文化研究会依法注册成立后，东阳蒋氏族孙经充分酝酿、协商组建蒋氏分会，2008年9月16日获得批准，当前该分会正在编撰《东阳蒋氏文化志》。

2009年11月28–29日，东阳蒋氏分会会同市外部分蒋氏宗贤，发起召开了中华蒋氏浙江联谊会筹备会议，全省81名代表齐聚东阳研讨、挖掘、搜集、整理蒋氏文化。2010年4月10日，蒋氏分会组织了41人的淮滨拜祖代表团，专程前往河南淮滨祭拜中华蒋氏始祖蒋伯龄。

综上所述。东阳具备蒋氏郡望的三条基本标准：一是人丁兴旺，人多势众；二是地灵人杰，人文环境好，名人多，对国家、民族贡献大；三是对外播迁人口多、范围广、影响大。

以上是我对东阳蒋氏的初浅研究，随着东阳蒋氏分会组织广大蒋氏族孙的深入探讨研究蒋氏文化，东阳作为蒋氏郡望将会更好地凸显出来。

儒家思想在安儒

蒋模桂*

伯龄公受封蒋国后，子孙支派遍布全国各地，约一千二百年前后，唐金紫光禄大夫司空尚书蒋勋，从浙江天台迁来东阳怀德乡高砂（今叫陆宅）。后代子孙繁荣昌盛，他的第十代孙蒋开谟（宋宣和己亥1119年生，南宋绍熙癸丑1193年卒）发祥于横城，他的曾孙蒋沐（南宋嘉定丁丑1217年生，元至元甲申1284年卒）开办义塾，传播儒家学说，四书五经，孔孟之道，各地贫寒学子纷纷而至，博得社会好评（东阳县志有载），称为“义塾之宗”。

蒋沐的曾孙蒋伯康（元延祐已卯1315年生，明洪武癸亥1383年卒）重建义塾于南溪黄金坞，当时叫下横城，学生众多，规模比曾祖时更大，影响深远，明朝军师刘伯温写下“两朝义塾”四字牌匾赞颂。（此匾今挂在安儒老年协会中。）

安儒祖蒋善法（元泰定甲子1324年生，明洪武辛酉1381年卒）系伯康堂弟，元至元初就任南溪义塾主讲师，为教学便利计，1346年迁居安如，1357年任南溪义塾主师席，深得孔孟之道熏陶，儒家学术思想根深蒂固，恰好元、明、清各代社会上十分重视儒家学说，信奉孔孟之道，适应当时社会潮流，于是善法的名声、口碑都很好，桃李布满各地。

明洪武到正统期间，接连五次大水，最后在正统壬戌年（1442

---

* 蒋模桂，浙江省东阳市南市。

年）南溪村被洪水彻底冲垮了。（注：现在的南溪村，本叫南溪沿，系下横城南溪的下游。）南溪被大水冲毁后，善法家属定居安如。善法后代于明万历年间，在永思堂（安如蒋氏宗词）办起了义塾，规模虽不大，但从不间断。直至民国初期，高砂城隍殿办起了国民完全小学，义塾稍微冷淡。他们仍继承了祖辈办学精神，社会上赞为“义学名家”。后来善法的第十九代孙蒋程康（清光绪癸未1883年生，约1954年卒）是南溪乡乡长，于1941年在安儒敦睦堂办起了初级小学，1943年有高小，1945年全县小学毕业学生，集中到县城统一考试，安儒小学学生杜承恩得全县第一名。因此，安儒小学命名为南溪乡中心小学。1949年新中国成立前夕，国民政府不存在，人民政府未成立之际，中心小学缺教师，眼看全乡学生有失学之险。安儒人淡泊名利，组织回乡回村有识之士，进行义务教学，蒋后法、蒋关福、蒋太亨、蒋德复等任教师，义务教授一年，才使整个乡学生没有失学。

走进安儒叙伦堂，一眼就看见屏风上写着族规：提倡讲道德，正风化，近君子，远小人，息争讼，崇俭朴，言忠信，行笃敬。惩忿窒慾，迁善改过。处事要正其谊，不谋其利，明其道，不计其功，己所不欲，不施于人，行有不得，反求诸已。遇水火盗贼疾病、死丧、孤弱贫乏都要团结互助，患难相救，要敬老爱幼，尊师重教。

为了促使家规的实施，他们专门设立贤田、贤地、贤塘，其租金用以奖励优秀者，古人云：“严打出孝子”。正因为族规严格，奖惩措施得力，故村风井然，欣欣向荣。善法的第三代孙名仁信（明洪武戊寅1398年生，明成化戊戌1478年卒）生五子：文栾、文槭、文�星、文森、文李，号称仁、义、礼、智、信。

善法第十代孙蒋惟组（1573年—1599年）二十六岁亡故，其妻方氏二十岁苦萠壁守，邑志称其为“守志不二”立牌坊表彰。十代孙蒋惟琏（1581年—1665年），曾任繇藩司知印，崇祯时任广东巡宰，他为官清正，得到过“万民伞”。第十三代孙蒋秉迟（1690年—1718年）二十八岁亡。于是在康熙十六年（1677年）安如改叫安儒了。

1346年善法迁到安如仅一户，第四代就有12户，第五代有32户，初具小村规模，明崇祯年间已有300多户，清乾隆年间达到千户左右，子孙繁衍迅猛，远远超越原横城的总和，由于社会变革，改朝换代及天灾人祸等原因也曾出现时盛时衰的现象。目前，仍保持着1200百多户蒋氏子孙。八代同堂，不包括历代迁出外地发展的。村中有三所宏伟的大宗祠、六所大厅，奉勅建造的石牌坊四所，小宗祠多个，祠廟中排放着历代祖宗的牌位，梁上、壁上、楣上挂满牌匾，进士、岁进士、贡生……不知其数。祠堂廟宇的名号：永思堂、叙伦堂、敦睦堂、锄经堂、惇伦堂、四书堂、五经堂……一派浓厚的儒家风味。

宋濂与东阳蒋氏的情结

蒋泰灯*

宋濂（1310—1381），字景濂，号潜溪，明代著名文学家、政治家，金华浦江县人。明太祖朱元璋赐太子师，授文学顾问、学士承旨制诰等。被誉为“开国文臣之首”，追谥“文宪公”。他的勤学精神影响了中国几代人，他的著作极丰，他的文章被后世当作范本教科书，他的影响不仅仅在我国，还流传至海外。近几年金华各地常举办各类纪念宋濂的研究活动。

宋濂生前与蒋氏家族交往密切，深情厚谊，而且是亲戚关系。宋濂写了篇《送东阳马生序》，强调他与东阳“马生”是有缘由的，因为他曾在东阳蒋氏的“横城义塾”求学读书，晚年又至义塾教书讲授。

东阳市南市街道横城村（原六十二都南溪乡）地处东阳县西南郊，离城15里，西岘峰麓。南宋景定元年（1260年）横城村人。蒋沐（1217年–1284年），字泽甫，号奋斋，创《横城义塾》。《金华府志》载：“蒋沐有檞而倜傥尚义，尝割田建塾，延方逢辰为之师，负笈远至者甚众”，“月书季考，磐石题名，创四十楹于居之偏，非唯宗族乡党之碣学者萃焉”，“凡远方来，亦有养也”。担任义塾第一任主师席的塾师是状元出身的方逢辰。《万历金华府志》载：“方逢辰，淳安清溪人，字君锡，号蛟峰（1221年–1291

* 蒋泰灯，浙江省东阳市。

年）。字淳祐中廷对第一，累嘉兴知府、兵部侍郎、礼部尚书、国史修撰。”时宰相郑肖之贾似道擅权，力抵其非，称疾归，除吏部、礼部两尚书俱不拜。授徒讲学，史称“蛟峰先生”，是一位极有骨气的爱国文学家，教育家（现淳安县千岛湖建有“蛟峰塔”为之纪念）。

方逢辰因蒋沐的登门盛情邀请，爽然应诺，扁舟泛雪，直造东阳双岘，欣然至“横城义塾”任主丞长，亲自制订《义塾纲纪》，以主教德而后文艺。列东序揭示：“德业相劝，过失相规”。西序揭示“礼俗相交，患难相救”。规定每旬以九日读书，讲明义理，以一日习举业。学习的课目：上午为大学、中庸、论语、孟子、通鉴纲目、六经诸史、近史录、太极图通书、西铭伊路诸书，由老师讲解；下午供小课、史评、论说、策略间之，以学生自学为主。举业的办法是每旬三课式，上中旬本经、下旬论策间之。每试十人，取拔二人，成绩优良有奖赏。义塾明确是“以作育人材，钻研学术，学以致用为宗旨”，并不是专门为科举而学习的。横城义塾开办五年至景定四年（1264）“甲子题名”已有师生300多名，其中学生274人，其籍贯遍布浙江各州府，可谓声名远扬，泽被后世。

横城义塾自蒋沐创办以来，子孙相传，子承父业，儿子吉相、孙子元、曾孙伯康四代办学，虽有废业，历时120年。然教学之风，一脉相承，均遵循方逢辰所主张的推究事物为穷理之本。宋濂来东阳横城义塾求学是第三代办学人蒋元任塾主的时候，后来宋濂与蒋元成了挚友。

蒋元（1298年–1344年）字若晦，号贞节，元代大儒许谦（白云先生）之高弟，与义乌赤岸朱丹溪（名医）是同学、密友。蒋元博学，有《论修大学章句》、《四书笺惑述》、《治平学则平韵》、《答赵谦斋论祠祭书》、《题怀远亭序》等诗词传世。宋濂这位家贫嗜学的青年，在名师先达的教诲下，学问大进，求学似渴的宋濂在老师黄溍的带领下，百里从师，负笈曳履来到东阳之横城义塾。黄溍，字晋卿，义乌人，《道光东阳县志》载："官侍讲学士谥文献，以儒学自奋，上承朱吕道统，天下学士或知师法，往来邑中题咏其多"，黄曾主修"宋、辽、金"三史。横城义塾这所私立学校虽处在深山巨谷之中，在当时却是全国第一流的高等学府。《道光东阳县志》载："初，濂二十八余，颇嗜学问，文懿许公（许白云先生，曾讲学于东阳八华山书院，距横城十八里）弟子三衢方先生以性理学讲授东阳之南溪，徒步往从游。"宋濂在《送东阳马生序》中所述："即加冠，亦幕贤圣之道，又患无硕师，名人与游，尝趋百里外，从乡之先达，执经叩问，先达德隆望尊，门人弟子填其室，未尝稍降辞色。""当余之从师也，负箧曳屣行深山巨谷之中"等等词句。从前浦江至东阳横城经义乌与东阳城南三杯岭、岭高路陡，林密谷深，岭南"步云亭"、"三杯亭"、"岭北"、"涵碧亭"、"百步峻"、"十八弯"曲折艰险崎岖，全程足有100余华里。此山岭乃东阳县通往本县59-62都及赴佛堂，舍华的必经之道，与序中所描述完全相一致。明代朱世濂于洪武年间撰写的《贞节先生蒋元公表》中云："时浦阳宋文宪公从三衢方先生以性理学讲授公元义塾，亲炙行谊甚悉，爰作志铭，刻载'潜溪集'中"。宋濂于洪武十年（1377年）以翰林学士承旨还乡后，还担任义塾主师长。蒋元生四子：伯康、仲启、叔夏、季高。长子伯康（1321年-1388年）字大同，为义塾第四代办学人。《金华府志》载其人"好善乐施，尝慕范文正公之为人，立义塾以教乡里子弟几百人，供给衣粮，庖福者余四十余年，用是造就成材者亦多，克笃孝友之义……"宋濂与伯康的友谊极其深厚。正由于有挚友宋濂的推荐，横城蒋氏家族与浦阳郑义门家族也产生了友谊，而且两家来往相当密切。后来蒋伯康娶了郑义门姑娘为妻室，宋濂又把女儿嫁给郑义门青年郑格，蒋氏的姑娘又嫁给宋家，如此三者关系更上一层，亲上加亲。

有一年蒋伯康造了一座亭子，宋濂为之作记，语云："东阳蒋君伯康家于南溪之上，其居两边为余庆堂，前修竹万竿，左右蔽云，萧森茂密，虽盛夏而炎气不及，微雨既霁，清风徐来，绿荫前拥，温翠欲滴，惟觉爽气满怀，因而作亭而取杜工部诗语曰'净香名焉'亭名"净香亭"，文章称《净香亭记》"。嗣后蒋伯康又造了一座"爱日轩"，宋濂乐而援笔写了《爱日轩记》云："东阳蒋伯康，博雅有美材，母夫人在堂，春秋高矣，其家居室，园池、土地之富雄一邑，蒋居皆无所爱，而独夫日阅一日，则晤之日也，因以爱日名其轩"等等。时在洪武十一年九月十五日（1378）。

宋濂与蒋元友善之际，蒋元请宋为其父题像赞，蒋元父亲蒋吉相，生前曾任谷城县尉，颇有建树，辞官返乡，继办义学。宋濂在像赞中云："旷达之器，古朴之容，醇笃若儒，简易如蠢，无梁无累而持躬皜皜，不亢不屈而处世雍雍，体亲心以友爱，遵祖训以睦宗，就为县幕步抚民之台父，退居山房，稀跪石之鲍龙"。

宋濂为蒋元从兄蒋亘题《浮云处士赞》："君讳亘，因以所志号浮云，其神完，其气舒，其容泽以腴，才足以用世，而深潜弗耀，智足以周物而退守若愚，丹霞随乎扙履元瀣溥乎衣裙，屹立物表，傲睨太虚，斯人者，岂古所谓列仙之儒者欤"。

蒋伯康的堂弟蒋善法（1323年-1381年）字明仲，号真理，蒋亘之第二子，在义塾中长大成材，又在塾中从教三十八个春秋，长期在"城南精舍"讲课，故此他就是居在精舍附近（离横城三里许，现村名安儒）。他的长子蒋德荣，字仕宣（1346年-1401年）于洪武十一年（1378年）秋，在圃中种了个双蒂合实斗大南瓜，色有毫光，引大批名士前来观赏吟诗作赋。浦阳郑义门闻讯后，一家20余人赶来观看吟诗作画，一时轰动。郑棠将大家所作诗词画图送给老师宋濂审阅，宋兴奋之极，提笔写就一篇《东阳蒋氏嘉瓜记》，文中赞颂云："今蒋氏之家，其行谊诗礼之修，非一世矣，仕宣之伯父与叔父尤以善事亲教子弟，推重于乡邦，仕宣又能上承家训，下率诸弟以礼义，可谓孝友之门者矣。一瓜之瑞，应无足恠者，仕宣当因是益加砥砺，使家庭之敦睦，久而弥著……"。又云："仕宣叔美皆余姻家，余喜仕宣为蒋氏良子弟，有以嗣承其世美，又嘉叔美之乐于道扬人善也，故为之记焉"。宋濂的学生，海宁方孝孺，时师从宋左右浦阳青萝山下，也为《嘉瓜诗集》撰写跋文："天下之物少而不可数者为瑞，今东阳蒋氏之瓜，固可谓之瑞矣。而浦阳郑氏一门自太常君以下二十余人，从而咏歌之奇章秀句，灿然溢目，当世之所罕见也，其亦可谓之瑞诗也耶"。《嘉瓜诗集》现今存世尚有23首。郑氏一家署名麟溪博士：郑涛，字仲舒；郑淆，字仲宗；郑梃，字叔高；郑材，字叔周；郑斡，字叔弓；郑彬，字叔文；郑枢，字叔中；郑楷，字叔度；郑椅，字叔器；郑桐，字叔成；郑格，字叔致；郑木，字叔伦；郑栻，字叔式；郑柎，字叔萼；郑果，字叔昇；郑裳，字叔美；郑枋，字叔车；郑杙，字叔宁等十八位。其中郑格即是宋濂之婿，而十八位郑氏皆先后中取进士。时隔600余年，此地仍流传着十八进士儒吟诗，十八把黄凉伞上安儒等美丽故事。

安儒村于清代中期时造了一幢祠堂（小宗祠堂），即以宋濂勉励蒋氏之"使家庭之敦睦"句子取名为"敦睦堂"。

洪武十二年（1379年）九月二十日宋濂又给蒋伯康撰写《题蒋伯康山传后》云："吾婺自东莱吕成公传中原文献之正风声气习蔼然如邹鲁，而其属邑东为尤盛……""今观蒋君伯康山传，述其立身行已，动法古人，临危之际，又能力持其家，使勿坠，斯可谓之贤矣，此固伯康问学之美所由致……"

离横城村15里的泉村与蒋姓同族共祖，洪武年间，该村蒋长源，率族人新建蒋氏宗祠竣工。宋濂应蒋长源之请托，为其撰写《泉村祠堂记》云："子浚所交游当世鸿儒硕师，若白云先生许文懿公，翰林侍制柳贯，以文学遂行谊，有闻偃时，所以理家敦族之道，皆可称述……"。东阳县北乡安溪下蒋村，蒋崇，其子名伟器与宋濂是同窗，蒋崇谢世后，伟器请宋撰写墓志铭，宋濂亦不推辞，以《蒋处士墓碣铭》文章传世，铭文云："君之行一何良也，有子为儒知家教之有方也，刻文墓门庶，千载而弥章也"。

宋濂不仅为蒋氏撰写了大量的序文、像赞、志铭，还给其他们名门望族撰写了类似文章传世。元代大儒陈樵（1278年–1365年）字君采，号鹿皮子，东阳亭塘人，生前与横城义塾有交往，宋濂对其学术造诣极为推崇。陈樵88岁谢世，后五年（1370年）宋濂应陈樵之子乔年及陈樵门生杨蒂等请托，为其写了《元故处士鹿皮子陈先生墓铭》一文，潇潇洒洒2200多字，回忆自己曾受教于陈先生和先生文采飘逸等事，并请当朝国师刘伯温为之篆额。洪武四年（1371年）宋濂为东阳金氏家族写了《金氏宗谱序》，洪武十一年（1378年）为东阳陈氏家族撰写了《陈姓探源》。

自宋、元、明蒋氏三代办学，义塾中间虽有废止，然教学之风一脉相承，历时120年，造就了无数学子，仅现存《东阳横城义塾记》残本中尚有685人姓名。方逢辰后由四明山吴龙朋，邑人名士吕应焱、叶春、陈一中继任主师席。期间与义塾关系密切的其主要的有，黄溍、五祎、宋濂、青田刘基、胡宗熹、华川朱世濂、金华苏伯衡、许元、永嘉高刚诚、宁海方孝孺、鄞县王应麟、柳贯、冯元辅、刘汝励、胡汉、胡助、扬仲彰、周坦等著名学者，或求学或研讨，名人魁士项背相望。现存《两朝义学》匾额即为明国师刘基亲题，堪称国宝。

“百名博士汇一市，千位教授同故乡”，东阳有“教育之乡”的美誉，这山画水之境，800多年的兴学育才之地，尊师重教之风，海内所罕见。东阳称为“水邹鲁”亦千年延伸。儒教理学文化深厚与历代涌现的大儒分不开。600多年来蒋氏后裔对宋濂先生的怀念之情也是极其真诚的。现蒋姓家族居地的横城、洗马塘村、安儒村都建有殿宇，塑有宋文宪公、方状元、刘国师之塑像。他们长期受人们祭拜，且香火缭绕，烛光闪烁，百姓们以敬仰虔诚之情膜拜，缅怀业绩。

安儒蒋氏宗祠内留存“义事蛟峰沾化雨，德景潜溪仰高风”楹联。离横城五里的“桃源梅坞”著名风景区的亭子上楹联云“潭坞桃花曾教放翁驻足，城山胜景招徕濂溪流连”。宋濂的刻苦求学精神将千古流芳，蒋氏的儒学文风亦能万世传承。

（作者系东阳市谱牒文化研究会会员）

浅说琬公应是九侯中何人之后裔

蒋秉高

蒋琬公，是我们蒋姓先祖中的一位显赫人物。在许多历史书籍和《辞海》中均有记载，当然在我们蒋姓宗谱、族谱中更是浓墨重彩。但是，对他的血脉渊源却说法不一。在湖南、广西全州以及四川的一些谱书中尤其是江浙一带的宗谱记载琬公为澄公之后裔，列为第五十八世祖，还有说琬公是默公之后的，但是，又在很多谱书中记载琬公为曜公之后，列为五十三世祖，当然，也有列琬公为四十九世祖的（湖南邵东蒋氏三续族谱）。那么琬公到底是九侯中何人之后裔呢？我在收集、整理和研考相关资料后认为，琬公应在曜公之后，且为五十三世祖。

一、五十八代说的错误

琬公五十八代说认为，琬公是澄公之后。这个资料的错误在于：

1. 从科学规律上看其错误。从澄公出生到琬公出生相差184年，共传了11代。这虽有谱书记载的史实，但不科学。现将这中间各世先祖的生卒年录于后（此资料来源于江浙和广西全州的谱书记载），仅供考证。

* 蒋秉高，重庆。

姓　名	生	天干	卒	天干	寿数	排行	年差
蒋　横	公元前20年（西汉成帝鸿嘉元年）	辛丑	公元26年（东汉光武建武二年）	丙戌	46		
蒋　澄	公元5年（西汉平帝元始五年）	乙丑	公元75年（东汉明帝永平十八年）	乙亥	71	9	
蒋　休	公元33年（东汉光武建武九年）	癸巳	公元116年（东汉安帝元初三年）	丙辰	84	3	28年
蒋尚仁	公元57年（东汉光武建武中元二年）	丁巳	公元138年（东汉顺帝永和三年）	戊寅	82	1	22年
蒋　兖	公元83年（东汉章帝建初八年）	乙酉	公元169年（东汉灵帝建宁二年）	己酉	87	1	26年
蒋堪舆	公元98年（东汉和帝永元十年）	戊戌	公元159年（东汉恒帝延熹二年）	己亥	62	1	15年
蒋裕民	公元114年（东汉安帝元初元年）	甲寅	公元180年（东汉灵帝光和三年）	庚申	67	1	16年
蒋　瀊	公元129年（东汉顺帝永建四年）	己巳	公元187年（东汉灵帝中平四年）	丁卯	59		15年
蒋　佩	公元145年（东汉冲帝永嘉元年）	乙丑	公元212年（东汉献帝建安十七年）	壬辰	68	1	16年
蒋　镦	公元160年（东汉恒帝延熹三年）	庚子	公元227年（后汉帝建兴五年）	丁未	61	2	15年
蒋　昕	公元176年（东汉灵帝熹平五年）	丙辰	公元269年（西晋武帝泰始五年）	己丑	94	1	16年
蒋　琬	公元189年（东汉少帝光熹元年）	己巳	公元246年（后汉后帝延熙九年）	丙寅	58	1	13年

从前表中，可以看到有七代人的传代年龄为12到16岁，且这些记载全部为嫡出，这怎么可能？

2. 从生卒年上看其错误。江苏、浙江的宗谱中记载，琬公“生于汉献帝建安十七年壬辰（公元212年）。薨西晋泰始十年甲午（公元274年），葬涪县，谥武英。”研究三国的资料上说，琬公生于公元189年农历五月十六日，卒于公元246年；《辞海》中琬公生卒年是，？～246年。也有文章说琬公生于公元168年，卒于公元246年（如果说琬公生于公元168年，那么说他是澄公之后裔，那就更不可能了。因为按江浙谱的记载，这时琬公的爷爷才8岁，而琬公的父亲还没出生）。这些记载的根据如何，我们不得而知。我们只有根据史料和琬公经历的零星记载来佐证或判断其谬误了，这将在下面做专门分析。

3. 从琬公的经历上看其错误。我们都知道：“琬。字公琰。初随刘先主入蜀，为广都长，丞相诸葛亮曰，蒋琬有社稷器、非百里才，入为尚书郎，亮在汉中，公统军府事，足食足兵，亮每称公琰托志忠雅，当与吾共赞王业，封安阳侯。建兴十三年乙卯（公元235年），进尚书令，至延熙元年戊午（公元238年），命开封府明年加大司马，加封湘乡侯。”我们还知道，三国从公元220年到公元263年。在东汉末汉献帝建安十三年（公元208年），刘备占据荆州并攻取了湘乡后，琬公当了刘备部下，如果按照江浙谱记载，这时琬公还没有出生，这一史实就根本不可能发生；又如建安十六年（公元211年），琬公以州书佐随刘备入川，出任广都（今四川双流县）长，按照江浙谱记载，这时琬公也没有出生，这一史实也成为不可能；再者，汉献帝建安二十四年（公元219年），刘备称汉中王时，蒋琬升任尚书郎，如按照江浙谱记载，这时琬公才7岁，怎么可能升任尚书郎。还有，建兴元年（公元223年），刘禅即位，丞相诸葛亮开设官府，辟琬公为东曹掾，按江浙谱记载，琬公这时才12岁，一个12岁的孩子再怎么天才，也不可能承担丞相府东曹掾（人事处长）这样重要的官职；另外，蜀国灭亡时（公元263年），魏大将军钟会，写信给琬公的长子斌公，希望能去拜谒琬公墓，如果按照江浙谱的记载，这时的琬公还在世，怎么可能有钟会拜谒琬公墓的史实呢?

以上几点足以说明一部分蒋氏宗谱对琬公记载的错误。那么，这些谱书的错误缘起何处呢？据作者考证，其应起源于蒋之奇的修谱。当然，蒋之奇的修谱贡献功不可没！特别是他为修蒋氏宗谱，上书帝王并获得圣旨，大文豪苏轼奉旨为这部蒋氏宗谱作序，可以说，蒋之奇把撰修蒋氏宗谱推向了历史最高峰。自此之后，除现代蒋介石之外，无第三人。但是，由于当时的历史、地理、信息等条件的限制，在修撰中出现一些考证不确在所难免。后来江浙很多宗支修谱，基本上以蒋之奇的谱为蓝本，这样使这一差错扩大化了。

二、琬公是默公之后裔的错误

也有人说琬公是九侯中的默公之后。这种说法的依据是，九侯中曜公的儿子蒋和、孙子蒋志，而默公的儿子叫蒋何、孙子也叫蒋志，有的甚至将曜公的儿子名也写成了蒋何，这样就完全一样了，也就分不清琬公到底是谁的后人了。可是细查一下记载，可以看到，曜公之子“和”与默公之子“何”（也有记载“荷”的），是音同而字不同；再者，曜公之孙“志”袭祖爵封镇湖侯，而默公之孙“志”却无此记载；第三，再往下考察，曜公与默公的第四代名及其以后就完全不同了。

三、琬公是曜公之后裔的依据

“陕西人民出版社”出版的“百家姓书库”《蒋》记载：蒋姓是湖南大姓，论人口数，它在全省位居第三。寻其根，溯其源，湖南蒋姓虽有少数尊蒋横第九子蒋澄为始祖，是蒋澄后裔的迁入，但绝大多数是蒋横第四子蒋曜的后裔。据湖南多数蒋姓宗谱，如安化

《蒋氏宗谱》和《湘潭瓦子坪蒋氏十修谱》记载，蒋曜生十二子，徙居零陵。零陵就是现在的湘乡，距湘潭不远。蒋曜的五代孙蒋佐生蒋琬。蒋琬字公琰，居湘乡曲静，以州书佐，随昭烈帝刘备入蜀，累迁尚书令，假节领益州刺史，迁大将军录尚书事，封安阳亭侯。延熙二年（公元238年）加大司马，卒后谥号为“恭”。其子蒋斌（汉清）、蒋显（汉涟）、蒋廷松（汉城），斌、显均为将军，蜀灭时殁于乱军。毛夫人及子侄们返湖南零陵洮阳（今广西全州梅潭，有毛夫人墓）。蒋斌的三代孙叫蒋雷复，东晋时为建康刺史。

最近，又在湖南、重庆永川、涪陵发现的老谱记载，琬公为曜公之后裔。其具体记载传代为：

蒋曜→蒋和→蒋志→蒋昕→蒋佐→蒋琬。

蒋曜（辉），字正礼。上党太守，眉舒目澈，有经国大度。因父罹羌路之谮，避居湖州吉安县临湖里，后封镇湖侯，是为湖州临湖始祖。配司马芳公女，封辅国夫人，子十二：孝、友、睦、媚、妊、恤、智、仁、圣、义、忠、和。生于汉元寿元年（公元前2年）己未，卒于东汉明帝永平四年（公元61年）辛酉，寿六十三，葬震泽湖之马谡山，由安吉迁居浦江。零陵、楚南蒋氏始于此。

蒋和，字秀。曜公子。为汉前将军，封邵陵侯。子：志。东汉时来居零陵。四传为后汉大司马琬（见西粤谱）。

蒋志，和公子。袭祖爵，封镇湖侯。子：昕。

蒋昕，字彦元。仕汉，曾领湘州刺史，历颖、益、湘、相四州刺史。子：佐。

蒋佐，昕公子，曜公五代孙。官宰零陵，为湘州零陵令，配贺氏，子：琬、瑜。寿八十四岁，葬零陵石燕山。

我认为，这些记载，比较符合史实，更符合科学。根据此记载，琬公应为蒋氏的五十三世祖。

以上仅我一孔之见，欢迎各位宗亲进一步考证，使我们的宗谱更加符合史实。

论蒋国都城研究问题

彭大国*

蒋国作为西周封国之一，因国家弱小，历史存在时间也并不是很长。目前学界对蒋国立国时间有一定争议，大概开始时间是周成王在位第八年或周成王二十二年，灭亡时间是在楚穆王四年左右。蒋国作为西周重要的伯爵国之一，其都城期思自当有着特殊的地位与作用。然而综观日益引起关注的蒋国史研究，明显感到对蒋国都城期思古城研究尚很薄弱。关于蒋国都城期思的研究文章除考古发掘报告外，研究性与记述性论文不超过5篇，不少文章也只是简单论述。李绍曾的《期思古城遗址调查》（中原文物特刊，1983年）、陈隆文的《蒋国历史地理考辨》（郑州大学学报，2007年）以及金荣权的《蒋国历史与地理综考》（信阳师范学院学报，2009年）等3篇论文对蒋国都城期思进行了描述，提供了较为翔实的实证资料。但是后两篇文章的参考文献主要引用了《期思古城遗址调查》与信阳地方志，对于蒋国都城研究薄弱是显而易见的。出现上述情况的主要原因除文献与考古资料有限外，蒋国的始封地等问题学界尚有争论，其都城兴废演变与布局状况不甚明了，更是无从谈及其在蒋国发展上的作用等。这不能不说是蒋国史与蒋国都城研究上的缺憾。

从上述可知，对于蒋国都城的研究，虽然取得了少量学术成

---

* 彭大国，河南省淮滨县林业局。

果，但从历史考证与中国古都学术研究之发展态势论，还需进一步加强努力。学界一直存在蒋国始封地于淮滨期思、固始蒋集、获嘉蒋村等各种说法，各自说法也尚有许多问题有待探究；从整个蒋国都城研究而言，下列几个问题也当予以注重：

其一，蒋国始封地究竟在何处，先后有几座都城。目前学术界所达成基本共识是蒋国其始封地是期思，但也有学者提出始封地为蒋集、蒋村等地。那主要的问题就在于，如果蒋国始封地位于期思，那么是否存在着都城的迁移问题，如有存在迁移情况，那迁移的时间及迁移目的都亟待搞清；如其始封地在蒋集或是获嘉蒋村，那是否存在蒋国都城迁移至期思的问题，期思的考古发掘结果又需进一步解释与确认。蒋国始封地在固始蒋集或是获嘉蒋村的观点则需要更有说服力的考古资料及文献资料对其进行有力支持。可以肯定的是古代都城迁移活动是一直存在的，如战国七雄的赵国先后经历数次迁移，所迁位置及次数虽现仍有争议，但从侧面亦可反映出古代都城迁移活动的频繁。从目前学界研究成果看，大多数学术研究成果倾向于蒋国始封地位于期思，基本不存在故城迁移问题；但是也有学者从蒋国分封之时地理位置、分封目的等多方面因素进行论证，提出了不同意见。对这一问题，需通过对蒋国史的深入研究来辨正这一歧义。

其二，蒋国都城的建筑结构与内涵研究、墓葬群及陵园的发掘、都城的全面发现与认识。各界普遍认为期思古城是蒋国都城所在地，据考古发现，目前期思古城仍遗存着蒋国都城遗址，“城平面呈长方形，东西长 1700米，南北长 400 米–500 米，古城除北靠死河的台地、城内的地面相平已无城址痕迹外，其余三面城址断断续续有遗迹可探寻。古城墙残高 2米–4米，墙址底宽 2米–3米左右。在古城遗址范围内，采集到石镰和商周时期的陶鬲足，还有西周、春秋、战国时期的铜镞，春秋战国时期的铜剑、铜矛，以及汉代的石印章、唐代的铜镜等。”由于文物考古勘探有限，加之史书对蒋都规划与布局鲜有记载。所以，目前对于蒋国都城期思考古工作主要是通过对期思故城遗址以及墓葬群、陵园勘察与试掘，搞清蒋国都城期思的建筑格局与内涵，以及蒋国葬制、陵园的建筑形制、结构及性质与蒋都社会经济及生活等方面。在对蒋国都城城址本身进行深入研究的同时，还要结合其自身自然生态环境，注意城址发展的横向与纵向发展规律，注重聚落群集团与历史演进轨迹研究，宽角度、多层次介入蒋国都城研究问题。

其三，蒋国都城之文化内涵、特征、传承与影响研究。蒋国都城不论是在期思抑或蒋集等，或者存在都城迁移情况，它们除具有个性的文化内涵、特色外，彼此间也必然有一定的文化传承、相互影响与作用。因此需要联系起来，结合历史文献与考古发掘资料，对蒋国之发展阶段政治、经济状况与都城所处之地域环境，进行深入与综合的剖析研究，辨析其蒋国都城于特定时间段的文化共性与个性，探明其间传承与传播之脉络、规律。这对重新认识蒋国文化与蒋国地域文化是十分需要的，也是大有裨益的。

此外，蒋国分封之时，凡、刑、茅、祭等国也在几乎同时受到分封，将蒋国都城研究与它们所处区域的其他各国古都进行比较研究，甚至与区域外的其他各国古都进行比较研究；也可将其与战国时各国都城进行比较研究，以突出、彰显蒋国都城之特色，推进蒋国文化史、蒋国史、先秦史与古都学研究。

（作者系淮滨县中华蒋氏祖根文化研究会常务副会长）

论《中华蒋氏总谱》家谱修编原则

蒋肇文*

我国政府在2008年正式颁布“清明节”为法定节日，标志着提倡人们对先辈的尊重与缅怀的合法化。唤醒人们恢复寻根问祖这一民俗，弘扬由宗族的团结扩大到国家民族的大团结的良好传统。由此，修编家谱被有识族人纳入议事日程。如何修编家谱?我的实践认为，修编工作应遵循以下八大原则。

寻根问祖原则 寻根觅本、追源探流，为人之天性。我国民间流传国有史册，家有谱系的古训。家谱的内涵包括：一是以衍世系之绵远；二是以叙孙枝之繁昌为目的。据此，要寻根问祖，衍世之绵远，应以血缘关系为基础而形成的世系，作为编修工作的首要原则。

世系繁衍原则 家庭、家族和血缘关系、亲情关系是一个存在的事实，是无法摆脱和割断的。 随着时间的推移，易知、班次纷纭难察。若无家谱，便无由征信。近些年来，人们漠视世系繁衍，令人班次不分，爷称兄、叔道弟，同宗共族之人为他乡之客。据此，家谱的修编，应遵循尊祖敬宗，昭穆不乱，班次传承有序，亲属关系明晰，事绩考证有据，逐一编写，不得疏漏。

慎重考证原则 我国历史上发生过秦灭巴蜀后的大移民，西晋末年的全国性北方人口南迁，元末明初北方移民进入四川，明末清

* 蒋肇文，四川省内江市。

初的“湖广填四川”，新中国成立后的“三线建设”大移民等五六次。由于时代的演变，信息交换手段匮乏，文字记载资料甚少，给现时修谱工作带来许多困难。据此，在修编新谱进程中，应遵守慎重考证原则，查明世系演变，安知同宗共族之人间的互相关系。

怎么考证？办法是：查阅各地馆藏史料、社会残存家谱、碑文、匾联、相传故事、口碑等，由远及近，逐一核对。付诸笔墨之后，方知同宗共族之人之多，先祖之光辉事迹令人欣慰。

非政治性原则 家谱作为一种历史记录工具，本身是不带有政治性的。但是，新中国成立初期，吾辈深受“中国封建几千年，朝朝代代都是坏蛋坐江山”的政治思想教育，对先祖的生平业绩，总是离不开运用政治标准作判断，埋没本族当时服务于社会的“杰出人物”的历史功绩。我认为，社会的发展、人民的觉醒，是推动朝代更新的基本动力。如果运用今天的政治观点，去评判历史人物的功过是非，是极不公平的。因此，在修编家谱时，必须坚持排除政治性原则，对历代服务于社会的官宦族人，应辟“杰出人物”篇，注录先代之业绩，让历史资源古为今用，丰富后裔的人生阅历，坚强后裔的人生态度，以期传诸后代，流芳百世。

简详适度原则 据我国人口普查统计，蒋氏人口名列全国第43位，按0.48%计算，散居在全国各地的蒋氏人口已逾600多万，要想统一编写族谱，绝非易事。我认为，家谱的修编，应当遵循简详适度原则。简，可对古代祖先，按血缘关系形成的班次，编写通谱，以示寻根问祖；对历代同宗共族人中的杰出人物，简列生平人生，彰显其光辉业绩即可。详，对原有谱载者，经考证予以保留，列入家谱，备以永久查考；当今在世者，可注册登记详录即可。

注册登记原则 当今社会，正面临世界相融时代，年轻一代“弃土离乡”谋生较为时尚。流动人口越来越多，散居地域越来越广。在修编家谱时，对在世之男女老少的姓名，传承班次、亲属关系、出生年月、籍贯地址、生平简历等，纳入家谱之列，实行注册登记，为后世之人作好查考依据。

与时俱进原则 开展史族研究，服务改革开放，必须坚持以人为本，与时俱进原则。对来自诸多的史料录入，既要具有史料性、知识性、可读性；又要在深入挖掘文献、实物资料的基础上，融入自己对姓氏研究的学术成果，照顾启示后人寻根问祖的要求；同时要以历史为基点，但又不局限于历史，和世间的潮流同进步，与百姓一起除旧布新，改革旧有的观念，以人为本，民主法制为先，与时俱进。对一些带有封建迷信色彩的家规（如戒争讼，家门不通婚，节妇当保，女子不入谱册等）、家训、祭奠方式等，则应做出符合当代法规、民俗的诠释，或删除，以防再遗训后人。

人死留名原则 又称盖棺定论。古语云："人死留名，雁过留声，狐死留皮"。这说明各类谱牒应具备收录已故族人中事业有成者的功能。又云："文章千年在，仕途一时荣"，这应作为收录的重要标准。纵观不少谱牒和网上资料，当前普遍对留名者缺少一个选择标准。对此我建议：凡编辑蒋氏通谱被收录的名人，应具备两个条件，一是任职党政军省军级别；二是具有高级职称的专家学者且留有著作。只有这样的名人才具有为后裔永久传颂、揣摩、学习和膜拜价值。同时被选录者的业绩应作适当精选，字数可限定为一千字。若编辑各房系家谱的被录名人标准，可适当降低或只作注册登记处理即可。

千锤百炼出版一部新《通谱》

——寄语当代撰写全国《蒋氏通谱》者

蒋肇文*

我是蒋氏118代后裔，现年逾古稀，七十有八。退休闲居，近五年在完成“湖广填四川”《千五祖系承茂支蒋氏家谱》之后，时刻关注全国蒋氏家族修谱动态。由于年事高、身缠一些疾病，难以身体力行多为蒋氏家族多做贡献。对此，我以“千锤百炼出版一部新《通谱》”为题，给当代撰写全国《蒋氏通谱》的宗亲好友写如下寄语：

1. 要突出“八原则”，千锤百炼选好材（史料）。随着信息化时代的崛起，沉睡千年的蒋氏谱牒及文化都将在网上展现出来，众多的史料为新修谱奠定基础。必须看到：由于古代长期信息交流不畅，哪怕是名人名家撰写的史料，不少也具有一定局限性、不准确性，糟粕与精华并存。对此，我建议：对史料的录用应有一个明确的标准。不久前我写有《论家谱修编原则》一文（附后），可供参考。

2. 要具有“三性”，为传承蒋氏文化有所遵循。对诸多的史料录入，既要将史料性、知识性、可读性相结合；又要在深入挖掘文献、实物资料的基础上，融入自己对姓氏研究的学术成果，为传承蒋氏文化有所启示。具体讲，古代祖先史料选用宜粗不宜细。可按

* 蒋肇文，四川省内江市供销社。

各宗支血缘关系形成的有序班次，编写《通谱》。对蒋氏文化（包括人文文化）精华的录入，应为后来子孙们咀嚼、揣摩、学习和膜拜所用。对于众多的史料，应以历史为基点，但又不局限于历史，坚持以人为本，民主法制为先，与时俱进，创新原则编写。如在录入人文文化集萃时，可将周公光辉业绩，蒋介石题词改写成《儒家元圣》、《泽衍云仍》两则人文文化。凡带有封建迷信色彩的须加以新的诠释。对古谱《序》，爵位、地址等，可参照新出版的《辞海》予以核实或注释。

3. 要对《通谱》、《族谱》、《家谱》三者有个明确界定，各有侧重选用史料。我认为，三者是三个不同层次。按其词义解，《家谱》是记载一姓世系和重要人物事迹的谱籍；《族谱》是记载家族或宗族谱系和重要人物事迹的书；《通谱》是通贯古今的史书，又可作通史、通典、通鉴、通志的书籍。

从以上释义可以看出，三者的不同层次是十分清楚的。这就是说，“家谱”是一个以字派繁衍为主体，以“籍”为撰写内容作为核心，以记名册方式记录本世系成员名籍、业绩及生养死葬详尽情况，是各宗谱的原始谱牒。《族谱》是在一个较大范围内以同祖各宗支为主体，以“书”为载体，以传播为目的而用文字、图画或其他符号将相当数量经过编辑的精神文化记录在一定载体上制成卷册，以记述氏族世系繁衍变化者为族谱。如《史记·太史公自序》：“维三代尚矣，年纪不可考，盖取之谱牒旧闻”。《通谱》是以此端至彼端（蒋氏则从伯龄公至今裔孙），中无阻隔为主体，专记某世系姓氏溯源、繁衍变迁、重要人物事迹和精神物质文化典故的史籍，以传播为目的史书为通谱。

4. 要注重编校文字规范、用语严谨有据，防止以讹传讹、“八股文”重演。近些年，我开始步入《家谱》编写行列，是个新手。

初读一些谱牒和阅览网页，总有一种少见多怪之感。如有的谱册引用古序过多，且不加诠释。难读，令人费解；有的谱册文字运用不当，有将“年轻人”误为“年青人”，杜陵误为“杜林”，隋朝误为“随”；“黻”误为“拨”；有人在网上将“九侯”误传为诩公之子，蒋姓源于河南武修，等等。在传承蒋氏文化中，真有泥沙俱下，糟粕与精华并存之感。既然立意写蒋氏全国通谱，为后裔留下一份真实遗产，须革除一些谱史疵点，以求真求实态度，依照《辞海》逐一核实词意。依照古谱互为鉴定史实真伪，再作选择录用或作诠释、待考入籍。成书时的文字校核切忌疏忽，须聘请具有编审资格的专家或具有编写经验的宗亲义务复核，然后付梓。

5. 全国《通谱》定名，建议定为《蒋氏谱典》、《蒋氏族谱史稿》。蒋氏源远流长，在全国是一大家族。史上谱牒多为皇家世系所有。由于历史久远文化低下，不少宗亲远离皇家贵族世系，一般平民百姓有史无谱载可考，要想写出全国《蒋氏通谱》条件有限，由此建议以《谱典》或《史稿》成书为妥。

“谱典”是指可以作为典范的重要书籍。如：经典。《书·五子之歌》:“有典有则”。孔传:“典，谓经籍”。《后汉书·蔡邕传》:“伯喈旷世逸才，多识汉事，当续成后史，为一代大典”。《谱典》可将蒋氏历史文化（即在社会实践过程中所获得的物质、精神和创造的物质。如典故、名著、人文文化、宗祠、祭祀等文化）按不同分类叙述其原由，编辑成类似当代《词典》的书籍。其目的在于，集史料性、知识性和可读性于一体，构成传承蒋氏历史文化经典的工具书籍。

“史稿”是指记载过去事迹的书。如：通史。它可作为研究和编纂历史（谱书）所用的资料。《史稿》可容纳广泛的史料，主要来源有实物的（遗迹、遗物），文字的（如铭刻、文书与著述）和口头的（如诗歌、传说）。其目的在于为全国蒋氏不同宗支和不同地区后裔从事史料的搜集、校勘、考订和编纂《家谱》提供依据。

以上寄语，一家之言，仅供参考。

蒋氏辞

凹 凸[*]

大地沉稳，天空辽阔
一个人的姓氏
在祖国的江山上
发育成完整的河，连绵的山

一个人的蒋氏，很轻
在身体每一个部位流动
阳光的触角里，一个人的蒋氏
繁衍出道德、希望、荣誉
一个人的蒋氏，很重
顶天立地，一生都扎根在黄土大地
站着是一座山
躺着是一条河

一个人对生命的渴望，就是
对姓氏的热爱
就像大地万物，长幼卑贱

* 凹凸，江西财经大学。

都延续着血脉的传统

一个人在蒋氏里奔走
他们从未死过
爱的名义还在，爱奴役着爱
代代相传

一个人拥有蒋氏
用一生的时间，提炼着生命
让一个人的姓氏
拥有高度

（作者系青年诗人、作家）

淮滨，根情永远的地方（组诗）

蒋长青*

2011年4月15日，余受邀携7岁子文卓赴河南省淮滨县——中华蒋姓发源地，作为郑州新区蒋氏宗亲的代表，有幸参加了“第四届中华蒋氏淮滨寻根恳亲暨文化交流研讨会”，和全国各省市、自治区、直辖市、台湾、香港及海外蒋氏代表500余人，来到了充满诗情画意的豫南明珠——淮滨，来到了朝思暮想的根地，寻根问祖，交流研究，诗情突发，急就百行以记抒。

淮滨

以怀柔姿态滨河而居构思风的温暖
豫皖交界在水一方绝不缺少抒情的网络
眸子雪藏千年依旧明亮如初穿越草翠花开的民谣
有乡亲在唱歌民俗在诉说杨树也日渐坚强
我离群索居的泪水终在清明后的正午
婆娑满襟溅起百感交集的尘埃
淮水之遥的民居戴着古徽州女子的玉环叮咚作响
他孩子的孩子以孩子的童心写下真切的蒋姓
在这里各种朝拜联袂成蛹破茧而出成了思绪飞扬的蝶
在根地泪下潸然汇成一洼晶莹的水

---

* 蒋长青，河南省作者协会会员。

和这里的许多水洼一样宁静或游走
那唯一的花园里泣声如雨告诉虔诚是真的以及献祭的绵长
哪怕有一个词也会遇到童年的房屋月亮星辰和田野
——淮滨淮滨淮滨……

从漂逝已久的家书里游走出丰富多腔
豫闽浙赣皖鲁冀津京台云贵川陕甘
还有喝着小烧锅的老东北宗亲也来了
游离多年的灵魂都纷纷归来
四月的菜花五月的杨树六月的荷藕七月的新禾
联手行动
紧握一把淮水磨洗的镰刀
唱着九月的歌
准备和十月的兄弟姐妹一起在你怀中
尽情收割

在诗意成诵的淮滨
很多话变得琐碎
都想解释一种努力的表情
一个清明后的雨夜仰望与祷告让歌手走进房心
在淮水之滨的根地上把族姓的光荣扬传
我是一个着布衣扛禾锄的青年诗人
带着刚7岁的儿子搭乘K318次列车星夜驰来
从郑州的芒砀山头一路走来一路感激一路难言的幸福
我会将你的笛声与呼唤写进斜风细雨的诗里
那也是一种别有滋味的幸福呀

手握一张千年船票从激动的港湾出发
来朝颂你的感恩与惦记
不要丢弃我们不要丢弃我们最初的雨夜承诺
洪河波涌
闾河潮起
白露茫茫
都被淮水的磁力线温柔切割
淮滨，大道如水
你会走水路也会走陆路最好水陆并进
总而言之你会走在阳光灿烂的路上
平坦与坎坷铸就白帆片片
明年清明节我一定会回来的——
来行一个圣洁的大礼
向家
向淮滨

期思

期思镇位于淮滨县东南十五公里处，居于大别山北 、淮水之阴。地势绵延起伏，河塘湖泊棋布星罗，素有“鱼米之乡”之誉。期思镇为蒋姓祖根地，又是古蒋国遗址。

一场清明后的雨给我提醒
期思，我和你相遇在麦苗青菜花黄的村口
沟塘纵横也是一种传说
湖泊棋布将潮润的理由一一收集成册

族姓诞生的故国恪守着诺言等待万千思念
淮水之阴的呼吸始终拥抱着发抖的根叶
3000年前的神游潜伏着许多秘密
我不会唱歌不会写诗只会呐喊
期思，期思
我用喊声叫回来你——
我的家园
我的故乡

一头仲春的水牛静卧田间
我和我的宗亲拍打着阳光走进它的视野
请它咀嚼出朴素的经典以及刀耕火种的诗经
诗意故乡就在眼前
泪水早已河决
纷纷打湿故国城门上的旗帜
真想掘一口深井
和千年留守者共饮
我对这里的一切树表示深深的谢意
目光对接目光
哪怕一株草也会像子弹一样回味无穷

我的国门我的家邦沦没的日子里
亲情四处藏躲
兵焚中戈矛淌着汗血
也有眼泪恣肆的步态
四处流淌

在这里
一个声音最后说：
记住，孩子们，咱姓蒋！

一脉东流的淮水更有理由将思念拔高
开怀畅谈齐聚而来
都有朝圣的音节
十里草湖还有破晓的民居渐渐进入序曲
在期思生下的胎记
像花生和红豆一样相互认识
在期思顶礼焚香
让远古的寓言肃然起敬
淮水旁
淮水旁清晰的意志一再升腾
努力吧
努力在一座城的历史上再建一座城
用弄舞者的声音
在城墙上工笔书写：
期思，期思
此情绵绵无尽

蒋伯龄

蒋伯龄，周公旦第三子，周文王姬昌之孙，皇帝后裔，西周初期被封在蒋，建立蒋国。公元前617年，蒋国被楚国所灭，其后世子孙以国为姓纷迁他居，尊称蒋伯龄为蒋姓得姓始祖。蒋氏伯龄公葬于现淮滨县期思镇万寿陵。

在蓓蕾里，安装了心跳的颜色
环视属于期思的一脉黄土
还有冢草青青的墓穴
早已将固体的抒情诗化
我转身抽泣
属于自己的泪水
纷至沓来
一个劲儿拍打
正在抽芽的村庄
一半是星月一半是淮水的坟墓
终于打动长满青苔的历史

阳光真好
抚摸疼痛
绿色和思念相对生长
你宛如诗人
枕着一个心悦诚服的基因
将信仰之梦重新点燃
在这里
我的抉择无法移植
毕竟是根叶相连
毕竟是血浓于水

遥想当年
你封疆拓域俯视江淮北望中原

你的体内
春播秋收的河流纵横恣肆
将西周王孙的美鬓冲刷得有角有棱
只用一条流着血的河
抒写一个大大的族姓
——蒋

谱系

陆 承*

一

仰望一棵葱郁的大槐树
树下是和我们一样出发或汇聚的名字
站在千年的茂盛下

中原的星光下，能听见流动和蛙鸣
一场盛大的回忆
欢闹从未停止过
一群孩子从这里走出
融入了海峡两岸的波涛

多少朝代的奔劳
我是我的先辈，我的先辈是我
在淮滨缓缓地燃起炊烟
构建着虚无的宫殿

---

* 陆承，甘肃省兰州市永登县第七中学。

二

蒋氏是一眼泉
在虚幻中抵达着篆刻的版图

大地烙上了制造业的标签
一批批输送又一批批接收
为了远大的光芒
也为了此刻的盛典

那些蒋家人人的沉默
会在这些蒋家人的宣告中呈现

如果可以追溯，我会看到风
像笔一样逮着残损，让战火熄灭
让生涯在这里得到中转
如果可以赞美，我要歌唱
这冥冥中的起点
让失败的成功，让成功的辉煌
让柔弱找到通向涅槃的道路
走向祥和

（作者系青年诗人）

回家

——致中华蒋姓宗亲

张贵义*

回家呀回家
在历史的星空
有个老人不停地呼唤

回家呀回家
在地球的一角
有个地方总让你刻骨铭心

回家呀回家
在寻根的苦途
有个身影足足走了三千多年

回家呀回家
在落地的瞬间
你的眼泪比你更早尝到
久违的泥土遍地的茭白

---

* 张贵义（1966– ），淮滨县委。

蒋的子孙回来了

——中华蒋氏期思祭祖所感

彭大国*

回来了、终于回来了！
回到我百代人梦中的故乡！

圆了、终于圆了！
圆了三千年的梦想！

脚踏古国的厚土，
闻到菰草的气息，一种崇高的情怀在荡漾！

眼收故乡的苍古、
听到筑城的夯声，一腔奔涌的血脉在流淌！

巍然而立的古城和遍地的黑陶片，
展示了她当年的风姿和辉煌；

清澈的护城河水和遍野的蒋河草，
也透出了先人创建家园前的荒凉。

---

* 彭大国，河南省淮滨县林业局。

放眼东南的龙地，
有紫气冲霄、有彩球飘扬。

碧野上、龙柏间、先祖的陵寝安卧，
高高的石碑巍然而高昂。
大鼎方正震地惊天，
昭示伯龄公建功立业的期望。

三跪九叩于陵前了，
向先人诉说离别的思量；
恭敬的净手上个香吧，
祈求保佑子孙、国运永昌！

周公的礼制风化了淮夷部落，
君侯贤士站在中华文化的长廊；
科学发展的理念建设了新的家园，
和谐社会是全世界幸福的曙光。

捧一捧温润的黑土，
装入已很重的行囊；
摸一摸省府立的保护牌，
脸贴着她照一张合影像，
家啊！你的子孙永远与您在一起
——无论我流落在何方！

蒋氏礼赞

蒋建国

巍巍荡荡轩辕帝，华夏共祖人文始；
姬水而居王天下，教民开化脱迷离。
两千年轮滚滚过，亶父爵位传季历。
凤鸣岐山周崛起，吊民伐纣顺天意。
文王举旗呼百应，事业未竟身先逝。
武王继志周室树，居位两载西归去。
周公辅成竭心智，制礼作乐立规矩。
握发吐哺难寝食，建藩广封作屏蔽。
周公三子姬伯龄，被封蒋国有福祉。
大别北麓淮水阴，丘陵绵延河湖密。
风光旖旎景色美，物阜产丰舟楫利。
伯龄岂是等闲辈，德高学深同王师。
初封伯爵后进侯，雅态彬彬具天资。
文公之女来迎娶，育子本道与本立。
蒋国虽小名显赫，延续亦届六百兹。
东周此后王式微，诸侯纷争未休止。
春秋中叶期思公，举兵覆蒋归并楚。
金枝玉叶各西东，共尊伯龄蒋始祖。
至孝毓华庐父陵，华表中诚二石柱。
天子闻之下旌褒，后世华表出此处。

圣训孔丘生卒同，皆事教育曾司空。
庚儋避难徙乐安，尊祖重本御府中。
一母三胎仨昆季，藏谱献像乃大宗；
倒行逆施民沸腾，三宗反秦从沛公。
强迁豪杰助京畿，杜陵八秀傲苍穹。
吴陵郡牧于震担，民安其化弦歌功；
景帝再拜江都相，赐以蒲轮示敬重；
汉武初始上奏章，皇帝年号来启用。
老子英雄儿好汉，宣帝同召满和万，
父相淮南获绯袍，子守弘农得千田。
西汉末年莽篡权，元卿采薇不待见；
门前辟就三径道，日与羊裘聚乐燕。
青州刺史有伯鱼，为官明镜身清廉。
燕额虎头貌魁伟，镇东大将是承先；
讨赤功封逡遒侯，文武英气冲霄汉。
司隶羌路进谗言，光武诛横千古冤。
九子一楚八南避，颠沛流离历磨难。
童谣撼动帝觉悟，子悉封侯祸福转。
滆湖东默西少明，蒋氏即此大繁衍。
澄公心正有气度，其子五牧龙中元。
三国风云变幻际，各事其主多蒋氏。
公琰入蜀诸葛赞，亮后承志社稷器。
子通仕魏四届曹，筹谋划策具价值。
公奕助吴显身手，豁达待盛为国计。
子翼谋魏岂窝囊，机智儒雅亦名士；
其孙虎将廿八秀，破吴功助晋统一。

北魏画家蒋少游，美术建筑占一席。
唐代延续三百年，蒋氏盛名不断间。
朝宣孝俨岑晁瑰，闻名朝野为俊彦。
将明德源究学道，厚重业界谓才贤。
大中大直偕仙佶，史学经书治谨严。
如城少时负捷才，小说鼻祖留佳篇。
重文轻武北南宋，同宗才学可称颂。
希鲁诗刻天下留，蒲州西堤常浚通。
颖叔学富满五斗，莫逆东坡进士同；
生性耿直罪恩师，贬后自勖不懈松。
为官方正有兴祖，金人侵犯身献忠；
其女被掳至金地，留有亡词人痛咏。
重珍廷试得状元，振吾本氏名声隆。
宋末词家号竹山，芭蕉绿了樱桃红。
禹玉毅然举义兵，攻元挫折败犹荣。
明清代有才人出，邃密群科济世穷。
现代宗胤更显赫，丰功伟绩炳史册。
反清斗士蒋翊武，武昌起义功冠数。
军事学家蒋百里，抵御日侵有论著。
英年早逝蒋先云，黄埔军校一高足。
民国总统蒋中正，一代枭雄重民族。
太阳照在桑干河，冰之获奖赢盛誉。
文坛尚有蒋子龙，锅碗瓢盆交响曲。
亮丽歌喉蒋大为，歌坛一棵常青树。
影视明星蒋雯丽，各色人物惟肖塑。
人类历史长河中，与时俱进有本宗。

知晓本氏辉煌史，激励吾侪立新功。
和谐社会偕参与，时代进步更繁荣。

（作者系上海市特种设备监督检验技术研究院高级工程师）

诗二首

蒋尧民*

这次征文活动，于形成全国蒋氏在开展活动、组织交流、促进蒋氏族风兴盛、培养人才等方面都有重大意义，特题诗二首以祝贺之。

蒋氏文化大交流

淮滨期思祖根地，文化辉煌蒋后裔。
政府开篇见情谊，南北志士攀九嶷。
长江黄河珠江畔，姹紫嫣红闪红霓。
但过春秋数载后，祖根福地盛鼎彝。

贺蒋氏祖根地淮滨县征文有感

蒋氏兴盛在人才，各门各业奇花开。
又当日后幸会见，蒋氏人才腾九陔。

（作者系中国传统文化交流协会常务副会长，中国社会问题研究院高级研究员，中国大众文学学会理事，中国国际文艺家协会高级研究院、创作员）

---

* 蒋尧民，浙江省宜兴市。

抚摸祖先的根骨倾听历史的心音

蒋汉昇

这是一册97年前留下的书，装订古旧，纸页泛黄。凝视着书里先人们密密麻麻的名字，闪烁着，跳荡着，恍若就是颗颗洒在漫天苍穹里的星宿，或是粒粒遗于草根荒野的心光磷火。

沿着这幽暗的光芒寻去，朦胧中，依稀看到了大地上堆堆列祖列宗的坟冢。他们的肉身已化为尘埃，扒开荒草和泥土，我竟然就摸到了祖先们那业已化为石头的根骨！刹那间，我仿佛看到了他们灵魂的显形，谛听到了历史的心声，与先人们那共同的血脉涌动，激起了内心的阵阵冲动，驱使我举起手中笨拙的笔，将这些发光的名字一一重新拂拭，一一将先人们光辉的史迹写入新的史页……

蒋氏出于姬姓，与黄帝同姓，皆为炎黄子嗣。始祖伯龄公，周文王的孙子、周公姬旦的第三子，被封期思侯，蒋国首任国君，远在3100多年前，便在中华历史上写下了灿烂的一页。以国为姓，如此高贵，如此神圣，伯龄公的根骨正是吾蒋氏家族最初的源脉。

沿着始祖伯龄公的脉根往下一辈辈寻去——“伯本仲英，季庆权承，诞殷饬纪，德肄彝明，师甄蟾静，毓圣简祯，振运绍武，元庚鼎呈，祚迁宗立。”36个字辈，36位英豪，持续两个朝代，400多年，皆威名显赫，备受皇族重用。诸侯国相、大臣将军、司马卿士、郡公公卿，蒋氏的血缘，朝廷的要员，在中华史页里处处都有彪炳千古的记录，在蒋氏的家乘中，册册都留下了不朽的篇章。

公元前622年，楚穆王吞并蒋国。三十世元赣长子庚詹，正罹秦楚之变，迁居乐安。立周公庙，以伯龄公配享，王亲为祀，封乐安郡公，从此便有了吾蒋氏家族最初的传承。

秦代周统一全国，蒋氏的王族地位、富贵爵禄均被剥夺。不屈不挠的先祖们自此奋勇走上抗秦的道路。据史书记载，吾三十五世祖宗镐与同胞兄弟三人助刘邦灭秦，兄弟均封侯，蒋氏在汉朝再度兴盛。

四十四世诩公，为兖州刺史，王莽篡位时不同流合污，以病告归，在舍前开辟三径，供故人高士来往出入。王莽安车三聘不从，气节昂昂，傲骨铮铮，为我族中之英杰，传颂千古。

至吾族四十七世，列祖蒋横公的根骨尤为刚烈如铁，叩之响如金音。史云，横公随东汉光武帝讨赤眉起义有功，封为大将军。又因羌路之谗，误被陷害，九子遭难离析，南奔维阳。多年后，民谣四起，帝醒悟，为蒋横平反，封为九江侯，其九子所居，就地封侯。故有“江南无二蒋，九子尽封侯”的美誉！

一堆堆祖坟，一页页史录，一行行字痕，垒垒根骨，粒粒星火，共同融汇成了一脉吾蒋氏族亲的澎湃血河，英灵永在，滚滚流来，浪花又何以淘得尽吾辈辈蒋氏英雄？

正是吾祖四十八世祖昕公，由江苏阳羡湖迁往安乐府湘州之零陵，养育了骄子蒋琬，又为一代英才，才略过人，竟颇受诸葛亮赏识，被其称之为“社稷之器、非百里之才”。琬公随亮伐魏进驻汉中，与张裔受丞相重托“统留府事”，后加抚军将军，大将军并录尚书事，封安阳亭侯，成为诸葛亮之后总揽蜀汉大权的首要人物。任蜀国丞相，死于任所。其子蒋斌、蒋显同罹蜀难。

八十一世近祖蒋显，任后汉、后周两朝帝皇刘暠、柴荣的镇边指挥官。显公仕汉镇边有功，封指挥大王，后凡九嶷潇湘，皆立庙祀之。南蛮大地，永州之野因了他们的青史传名，愈益有了一份历史的厚重。

溯流而上，根源不忘。116个字辈，116代传人。祖先呵，抚摸着你们的根骨，默念着你们的名字，谛听着你们的心音，拾寻着你们那曲折而艰难的历程，怎不令我倍感激动和骄傲？你们以诚实的劳动在大地上种植谷物，养育儿女；你们秉公执政，辅佐朝廷；你们受贬谪迁，四处漂泊，为繁衍吾蒋氏后裔，传吾族薪火，历尽了多少苦难和艰辛！

绵绵瓜瓞，民之初生；长长根骨，血脉相连。因此，吾辈誓欲继承旧谱续修新编，惟愿给子孙们留下翻阅和记忆之便，以此激励吾蒋氏后裔秉承祖风遗德，勤劳善学，奋发图强，光耀我族，兴吾中华！

寻根记

樊保章*

有蒋氏子自海外归，赴中州以寻根者，虽千山阻隔，大洋横断，难抑骨肉血亲。凡江南省市，齐鲁宝地，三秦故里，闽台两岸，夫天下之大，诸蒋殊多也，彼之所向，终不可得。然蒋氏苗裔，长少咸集，识或不识，同心戮力，究史查献，不辍冬春。千处宗祠，万卷家谱，皆以源于古之蒋国也。

昔周公之子封于期思，命之曰蒋，异灭于楚，子孙流离，几经磨难，至于天涯。三径世泽、九侯家声。子孙繁衍，其族日隆。国之星灭，然蒋之姓巍然八方矣。

众人既约，乃相携，归祭先祖。因观故土：豫南明珠，在水一方，小城别致，淮河之滨。交鄂皖，望江浙，侣息州，友黄陈，大河贯东西，京九驰南北。有果老遗迹，楚相故事，文者盼遂，武者子胥，住或少驻，各领风骚耳。至于赤色漫天，前仆后继，缔中国之盛世，功不可没也。

既叹先贤遗风，乃颂执政丘壑：新区老邑，东西二姝，其景兮，蔚然大观，造物神功；其人兮，翩翩古风，质若璞玉；经济兮，蒸蒸日上，欣欣向荣；社会兮，安定和谐，康庄扬帆……

见诸蒋，几唏嘘，感其诚，相携期思。是日也，戊子清明，时逢盛春，小雨淅沥。淮南湿地，云蒸霞蔚，碧波微漾，钓叟娇娃，

---

* 樊保章，河南省淮滨县谷堆乡政府。

渔歌互答，莲动荷香，谁家稚子，相见不识，问客何来？观乎古墙，岁月沧桑，伯龄墓前，松柏犹存，悠悠千载，换了人间。因焚香而祭，歌先祖大德，源远流长；数历代精英，星汉灿烂。将千年风霜，化一樽佳酿，备瓜果珍馐，以飨逝者。

蒋生泣曰：“千载飘零一浮萍，长恨无根身伶仃；他年若得叶还泥，不废悠悠万古情。梦耶？幻耶？祖辈之愿，旦夕竟成真。昔吾族徙海外，身别斯地，常系斯怀，所盼者，惟某日叶落归根耳。赖经济之腾飞，假人心之返璞，享政策之英明，根亲之风一旦起，两岸复相融，四海再聚首，谁能抑溯古恳亲情怀？况夫一姓戮力，八方关注，庙堂宇下，携手共进，太平盛世之福佑也。”

樊夫俗子曰：“此非蒋之大幸哉，灭乎楚，零落天涯，卒聚古城，其间多少故事？汤汤淮水，不眠不休，更淘尽几许英雄？蜀相琬公，兢兢业业；民国中正，一世枭杰，至于苏浙川湘，乐安郡望，两岸四地，蒋之所至，俱成一番风云。国之史，地之志，族之谱，所谓正本溯源之据也。华夏五千年，姓氏贯古今，文化广流传。陈伦理之风，载忠孝之义，天下殊大，不忘其本，民族生生不息，家国安定统一，此非炎黄之幸哉？至于旧土，重焕新机，携根亲之契，招蒋之大商，展淮上极妍，造一流盛会，穿时光轮梭，续前世血脉，宾客、主人，乐由心生，把酒言欢，其喜洋洋哉！”

嗟乎！存乡土大观，聚人文内力，惠子孙百代。蒋氏寻根，中国之姓氏、恳亲文化正当时也。然者，集镇建设、旅游开发、招商引资……乘蒋氏东风，滨城大地云帆四起，好一派热火朝天。

噫吁，忽忽三载，又是一岁，淮河文化周已矣，蒋氏根亲节将至，伯龄如有知，当佑后来人。

淮水悠悠 蒋氏泱泱

许竟成　彭大国

淮水悠悠，长流不息，它在长江与黄河之间，也似大地母亲的乳汁，不断地哺育两岸生命。在商代乃至以前时期，淮河两岸居住着崇尚风鸟的淮夷部落，今淮滨县出土有属于龙山文化时期的鸟形黑陶。商、周之际，在淮河与其支流白露河之间地区，资源丰富，人丁兴旺。此地盛产蒋菰，因此得名蒋地。蒋菰者，水生植物，其茎名茭白，可作蔬菜，其实名菰米，可以煮食。周朝之初，成王幼，叔周公旦辅佐执政。成王四年，周公封其第三子伯龄于蒋地，是为蒋国。周公辅成王，兼备舜、汤、文王仁爱礼仪之道而施政。《孟子·离娄章句（下）》曰："周公兼三王，以施四事。其有不合者，仰而思之，夜以继日"。周公对上"仰思"求索，对下"期思"寄望。求索，"仰思"礼制；寄望，"期思"安抚。成王二年，"奄人、徐人、淮夷入于邶以叛"。《世界大事表·周》（民国《辞源·附录》）：四年，"王师伐淮夷，遂入奄"。此时周公封子伯龄于淮夷蒋国，就是"期思"（寄望），伯龄以蒋国安抚淮夷。伯龄侯任于蒋国，周公期思（寄望）于蒋国。期思即成为蒋国的别名。因此，东汉应劭著《风俗通》，释"期思"为"期思国"。《山海经·海内东经》记："淮在期思北"。这里"期思"也指的是侯国。《后汉书·郡国志》："期思（县），有蒋乡，故蒋国"。"期思"与"蒋地"，望名二而实一，上古生蒋菰之地。

蒋国侯君伯龄，遵照周公的"期思"（寄望）之意，以周公

“兼三王”而修定的王制礼仪文化，风化淮夷部落蒋地庶民，使蒋国成为安定之邦、礼仪之邦。蒋国自周初至春秋中期的四百年间，侯君与贤士数十，光耀在中华文化的长河里。

西周之末，礼乐制度崩坏；春秋诸侯国相互兼并；春秋中期，楚国强盛，东进兼并大别山北诸侯国。蒋国，在大别山北之淮河南沿，地处楚、吴与宋、齐之间，为南北要冲，辐射四方，较为繁荣，都为大邑；楚灭蒋国。以其又名“期思”而建县，并以期思县统领大别山北黄、潘、蓼等诸侯国地。《左传·文公十年》：“期思公复遂为右司马”。期思公，即期思县公。司马，职掌楚国兵权。《淮南子·人间训》：“孙叔敖决期思之水而灌雩娄之野，庄王知其贤为令尹也”。雩娄，大别山北地，期思县辖到大别山北地。秦汉，实行郡县制，以郡领县，期思析置数县。东汉，期思与固始并存，两县县令在期思共建“楚相孙叔敖庙”，纪念治水功臣孙叔敖。由此可见，此时期思仍为大别山北淮河南岸显要之县。三国及晋，天下动乱，淮河沿岸不安，晋末尤甚，南北朝淮河成为南北的分界线，期思临淮，朝夕不保，时常往南侨置。隋朝恢复期思县。唐代，固始县斥大，期思并入固始，为其一乡。新中国成立后，建淮滨县，期思归入淮滨，为其一镇。

从春秋中期楚灭蒋至今2600多年，期思历经沧桑，由县易镇，而其名永在；周公第三子伯龄之裔孙以蒋为氏，散处九州郡县，继承弘扬中华传统文化。历来，蒋氏泱泱济济，英才辈出，代有贤能。宋代《百家姓》以显，蒋氏序列第十三位，如今新编《百家姓》之中，蒋氏序列第四十三位。然源出黄帝姬姓周公后裔之蒋氏，诚显中华姓氏传统文化之根本特色，时间过得再长再远，总是联结着蒋国期思祖根；蒋国期思，是爱国、安宁的观念文化，时间有多长，这种文化的脉络就有多长。如今，蒋国、期思的有形文化都藏在期思镇地下，包含在“期思”这个名字里。期思镇需要建设有形的蒋氏文化，期思镇希望蒋氏今贤在期思建设有形的蒋氏文化，形象地留住中华蒋氏的文化之根。

触摸蒋氏根亲文化春天的大门

——热烈祝贺“首届海峡两岸蒋氏文化论坛
暨第五届中华蒋氏淮滨寻根文化节”

蒋自金　蒋志伟

在中原河南淮滨这块热土上，来自东西南北中的蒋氏宗亲，又一次聚会，热烈而隆重地参加“首届海峡两岸蒋氏文化论坛暨第五届中华蒋氏淮滨寻根文化节”，这是促进我们蒋氏始祖伯龄公的故土文化得以复兴的创举，在蒋氏文化的研究上具有破天荒的现实意义和深远的历史意义！我们中华蒋氏宗亲联谊会重庆分会、重庆蒋氏宗亲联谊文化交流会、重庆市百家姓文化交流协会蒋氏分会，谨向参加本次活动的各级领导和出席会议的全体宗亲代表，致以诚挚的敬意和衷心的祝贺！你们为建设开放的中华文化和复兴蒋氏文化做出的巨大贡献，永传千秋！

孟子曾经说过：“天下之本在国，国之本于家，家之本其身”。当今的中国，正致力于“以人为本”的“和谐社会”的建设。党中央提出“文化中国”，同时强调“民生”“民权”“民主”等治国大政方针，信阳市委、市政府，淮滨县委、县政府，期思镇党委、政府与我们中华蒋氏宗亲联谊会合作，应时举办“首届海峡两岸蒋氏文化论坛暨第五届中华蒋氏淮滨寻根文化节”，还增办了“书法、美术、摄影艺术展览”。我们认为这不仅是规格的提升，还为我们开起触摸根亲文化春天的大门起到了吹糠见米的积极作用！我们的寻根文化已推进到一个新的历程！

在地球的960万平方公里的土地上，孕育着中华56个民族。在56个民族中，有22000多个姓氏。浩瀚的华夏民族姓氏文化之林里，我们蒋姓占1/22000，人口约占全国总人口数量的0.47%。简单的几个数字，却引发出我们多少感慨！

正是这些数字，才激荡起我们宗亲情感的交流和心灵的沟通，才去追寻被“暴君”制造的“焚书坑儒”的残骸遗迹。我们今天的相聚，就是为着中华文化复兴而来！就是为着传承蒋氏根亲文化而来！

众所周知，蒋氏的根亲文化，也是华夏五千年传统文化的重要组成部分之一。我们能为华夏文化的复兴效力尽忠，我想，我们就不愧是伯龄公血缘的忠诚后裔了。

近年来，拯救蒋氏根亲文化已有不少壮举。回顾五年的历程，2008年蒋尧民先生第一次发起蒋氏文化研讨会，紧接着在淮滨成立了以蒋大力先生为首任会长的“中华蒋氏宗亲联谊会”。与此同时，以河南省淮滨县党政机关领导相关要员：林长先生、彭大国先生、陈斌先生、楚金臣先生、代俊先生、季永华先生、尤新峰先生、孟鑫先生、李昌先生、陈华先生等等组成的“淮滨中华蒋氏祖根文化研究会”诞生。在“中华蒋氏宗亲联谊会”“淮滨中华蒋氏祖根文化研究会”的引领下，探觅我们蒋氏祖根文化的大门逐渐打开了！继而，蒋远举先生主编的《蒋氏通谱》一、二卷问世，蒋利人先生主编的《蒋氏族谱》、蒋广举先生、蒋维士先生等修编的“家谱”“族谱”“宗谱”等“春笋谱碟”相继出炉，把历史制造的家族文化重新梳理，好像磁带那样，回放着我们先祖纯正、洁净的烙印，为树大根深的蒋氏文化生命延续提供了可歌可泣的依据，进而避免了人们轻浮的遗忘，让蒋氏传统文化重新闪烁出本来的光辉！

今次的祭祖活动和蒋氏文化研讨，新增台湾蒋氏宗亲代表团和韩国蒋氏宗亲代表团的参加，无疑增添了我们蒋氏淮滨寻根文化节的浓情，多层面开起了触摸蒋氏根亲文化春天的大门！此时此刻，我们的心情无比兴奋!

举办“首届海峡两岸蒋氏文化论坛暨第五届中华蒋氏淮滨寻根文化节”，就是蒋氏文化和中华传统文化复兴的缩影！朋友们，我们已经听见了中华文化复苏的春天脚步声，让我们热烈拥抱蒋氏文化春天的到来吧！

换一种方式扬名淮滨

——关于打造“中华蒋氏祖根文化节”文化品牌的思考

方 辉*

在经济全球化、经济文化一体化的背景下，如何找到一条“让世界了解淮滨，让淮滨融入世界，让淮滨跨越腾飞”的捷径，是历届淮滨县委政府孜孜不倦探索的课题。2008年以来，淮滨通过连续成功举办四届“中华蒋氏淮滨寻根恳亲暨文化交流研讨大会”，在华人世界的知名度大幅度上升，暂时给这个问题找到了一个不错的答案，为破解这个课题打开了一扇“天窗”！为此，县委书记吴刚在县第十一次党代会报告中指出：未来五年，淮滨要“继续办好蒋氏淮滨寻根恳亲暨文化交流研讨会，不断扩大规模，增进影响”。吴书记的这番讲话，在对这项活动给予充分肯定的同时，也对继续组织好这个活动提出了新的更高的要求。

下面，笔者就如何把蒋氏恳亲暨文化交流研讨会打造成地方精品节会，谈谈自己的管窥之见。

一、办好蒋氏淮滨寻根恳亲暨文化交流研讨会的重要现实意义

蒋氏淮滨寻根恳亲暨文化交流研讨会是淮滨县利用境内独有的蒋氏祖根文化资源，于每年“清明节”前后，邀请全球蒋氏华人在淮滨开展的，以寻根祭祖观光、蒋氏文化交流、经贸投资洽谈为主

---

* 方辉，河南省淮滨县委。

要活动内容的地方节会。固定举办这个地方节会究竟会有什么意义和作用呢？这是社会各界比较关注的一个话题，也是主办方首先必须回答好的问题。

（一）办好蒋氏淮滨寻根恳亲暨文化交流研讨会，是传承中华民族优秀传统文化的内在要求

姓氏文化蕴含的儒家经典思想所表达的家庭本位主义，格、致、诚、正、修、齐、治、平的“内圣外王”路线，以及尊祖敬宗、敦亲睦族等一系列伦理道德规范，是中华民族优秀传统文化的重要组成部分，历来对维护中华民族的团结进步和社会稳定都起着十分重要的作用。在大力提倡弘扬中华民族优秀传统文化的今天，作为中华蒋氏发源地，淮滨县有责任有义务把尘封已久的蒋氏文化挖掘整理出来，取其精华，弃其糟粕，将优秀的蒋氏根亲文化展现给世人，以此激励蒋氏后人和其他姓氏的炎黄子孙克绳祖训，团结一心，同力同向，为中华民族的伟大复兴再创辉煌业绩。

（二）办好蒋氏淮滨寻根恳亲暨文化交流研讨会，是提高淮滨文化力的有效手段

当今世界，国家与国家的竞争、城市与城市的竞争，从根本上说是一种文化力的竞争。历史上，包括淮滨在内的淮河流域的人民共同创造出的、具有鲜明地域特色的“淮河文化”，是今后淮滨提高区域文化力的源泉。“让淮河文化铸就淮滨”既是一种理念，更是一种实践，其基础性的工作是“淮河文化”的理论研究。西周蒋国曾在淮滨这片土地上封建立国约410年，蒋国的先民在“淮河文化”的发展史上曾经做出过不可磨灭的贡献。但是由于年代久远，加上国内现有的史书典籍上对蒋国历史记载的文字又少，我们只能借助分散在各地的蒋氏宗族保存的一批家谱中透露出来的信息，尽可能地还原蒋国的这段历史，弥补“淮河文化”历史的缺憾。

（三）办好蒋氏淮滨寻根恳亲暨文化交流研讨会，是淮滨做好统战工作的独特抓手

壮大统一战线，推进祖国统一大业，各地守土有责。因为众所周知的原因，蒋介石、蒋经国父子在中国近代史上影响深远，他们的后代在台湾地区的政治经济生活中仍有一定的影响力，且始终坚守“一个中国”的信念。蒋介石之孙、蒋经国之子蒋孝严先生现在不仅担任着中国国民党的副主席，而且还兼任着台湾蒋氏宗亲会的荣誉理事长，经常参加宗亲会组织的一些重要活动，对大陆感情很深，与淮滨中华蒋氏祖根文化研究会有过接触。淮滨县可通过入岛开展蒋氏祖根文化交流活动，与台湾地区的蒋氏宗亲会建立起良好的相动关系，深化与台湾岛内蒋姓基层民众的亲情，增强岛内蒋姓和其他姓氏的基层民众对祖国的认同感、归属感，为促进祖国统一大业做出应有的贡献。

（四）办好蒋氏淮滨寻根恳亲暨文化交流研讨会，是抬升淮滨“知名度”和“美誉度”的可靠载体

“知名度”或“美誉度”作为无形资产，是构成一个国家、一个民族、一个地区、一个城市“软实力”的重要指标。“知名度”或“美誉度”高，不仅能增强当地人民的自豪感和凝聚力，而且还能在激烈的市场竞争中争来人气、制造商机、赢得先机。提高“知名度”或“美誉度”从何着手？举办节会活动是很多国家、地区、城市的优先选择！淮滨手握“中华蒋氏祖根地”和“蒋氏始祖寝陵地”两张王牌，在目前全球蒋氏华人来淮认祖归宗的热情高涨、回头率很高的背景下，可通过固定举办蒋氏祖根文化节的形式，促进经济社会发展环境不断优化、城乡面貌日新月异，让来淮参加蒋氏祖根文化节的各界人士把淮滨的名声传播到世界各地，把对淮滨的美好记忆带到世界各地。这种推介淮滨的方式具有参与人群代表性广、参与个体积极性高、新闻媒体比较关注、投入回报率显著等优点，非常可靠。

（五）办好蒋氏淮滨寻根恳亲暨文化交流研讨会，是激活淮滨经济社会发展的催化剂

从眼前看，筹备根亲节，需要启动多个基础设施项目，扩大了内需；举办根亲节，大量外来人口流入淮滨，拉动了消费；参加根亲节，全球蒋氏华人与祖根地人民之间的亲情与日俱增，关心支持淮滨的朋友将会遍布五湖四海，给全县的招商引资工作提供了便利条件。从长远看，随着根亲节会的继续举办，来淮滨旅游观光、投资兴业的外地人将会越来越多，客观上将会刺激淮滨经济社会的发展。

二、外地举办根亲文化节的成功经验给予我们的启示

举办根亲文化节，并非我县独创，外地早已有之。在这方面比较成功的案例如陕西轩辕黄帝陵的清明祭祀大典，虽然历史久远，但近年更升级为国家级公祭，云集了数万远方宾客，据称仅为整修黄帝陵，海内外捐资就累计已达1亿元，为当地留下了一笔丰厚的历史遗产；类似的还有黄帝故里河南省新郑、湖南株洲的炎帝陵、永州的舜帝陵、浙江会稽的大禹陵也都把祭祖活动搞得如火如荼。另外，河南周口的姓氏文化节、鲁山的世界刘氏寻根大会、闽台祖地中国固始根亲文化节、福建的世界同乡恳亲大会、安溪乡亲联谊会、全球朱氏寻根恳亲大会、海南的世界乡团联谊大会、安徽庐江县的世界何氏宗亲恳亲大会，以及山西的大槐树“寻根祭祖游”、尧庙“根祖文化旅游月”等，有的虽起步不久，却已得到海内外乡团宗亲的广泛响应；有的已举办多届，形成了一年一度的品牌优

势。但是，也有一些地区在举办根亲节方面虽有动作，但事与愿违，最后只能草草收场。

综合这些地区成功办会的经验，我们感到有三点最值得借鉴。

（一）坚持政府出面主导，实行部门分工合作

办好根亲节会，需要动用多种资源。如，开展根亲文化研究需要动用当地的文化资源；实施根亲文化基础设施建设，需要动用当地的经济资源；举办一次根亲节会需要动用大量的人力、财力、物力。而这些资源绝大多数被掌控在当地不同行业和政府部门手中，要调动这些资源参与，必须有当地政府出面调度，相关部门积极参与配合，否则，办好节会几乎是不可能的。

（二）坚持官民之间互动，注意发挥民间组织的作用

参加根亲节会的对象身份比较特殊，主要由同一姓氏或与之关联的其他姓氏人员组成。这些人员对根亲节热心不热心、关注不关注、积极性高不高，决定着根亲节能不能办、能不能办下去。而要调动这部分人的参会积极性光靠政府的力量是远远不够的，还必须靠这部分人中有名望、有实力的人鼓与呼，需要各地区宗亲联谊会牵头组织，需要借助民间的力量来维持人脉。另外，在筹办根亲文化节时，难免会遇到诸如修建祖庙、续修家谱等政府不宜出面张罗的具体事情，但宗亲又对办好这些事情期望很高，这就需要发挥姓氏文化研究会和分散在各地的宗亲会等民间组织的作用。

（三）坚持经济文化一体化，实现经济文化双赢

举办根亲文化节，主旨是“挖的是根亲，聚的是人气，扬的是名声，目的是发展”。破解这道命题的关键在于完成聚焦文化—打造产品—塑造城市—扬名品牌—带动发展五大战略步骤。这就需要文化部门和经济部门全程参与，经济产业和文化产业相溶共生，彼此之间相互促进，实现经济文化双赢。

三、继续办好蒋氏淮滨寻根恳亲暨文化交流研讨会的对策建议

（一）换一个响亮的名字

原来的会名长而拗口，不如换成“中华蒋氏淮滨寻根文化节”，既切题又简约，读起来响亮，男女老少都能记住。

（二）给一个准确的定位

前三届属民办官助，主要由县委统战部牵头，期思镇政府承办。第四届上升为县级节会，主要由淮滨县人民政府主办，县委台办、县归国华侨联合会、淮滨中华蒋氏祖根文化研究会和期思镇人民政府具体承办。今后可定位为“淮滨县人民政府每年固定举办的地方文化节”，以利于提高节会的知名度和办会的水平。

（三）固定一个班子

成立淮滨县中华蒋氏淮滨寻根文化节组委会，由县长担任组委会主任，明确由县委统战部牵头，下设组委会办公室，挂“淮滨县根亲文化办公室”牌子，列为常设机构，长年从事根亲文化工作。

（四）定一个发展的详规

围绕“聚焦文化—打造产品—塑造城市—扬名品牌—带动发展”五大环节中的具体事项，制定一个十年规划。以五年为一个周期，每年办成一件或几件大事。“十二五”期间重点办好六件大事：一是建成蒋陵文化园；二是申报蒋国故城遗址为国家级文物保护单位；三是开通一条精品文化旅游观光线路（“淮河文化观光区—蒋陵文化园”一日游）；四是完成蒋氏宗亲大厦项目建设（含

蒋氏文化纪念馆、四星级宾馆）；五是促成《中华蒋氏总谱》定稿；六是编辑出版《蒋姓名人》一书。

（五）抓紧落实蒋氏文化园区项目建设

成立蒋氏文化园区项目建设公司通过政府支持、市场动作的方式，陆续启动蒋氏文化园区项目。

（六）调动四个民间社团的参与热情

1. 关心淮滨中华蒋氏祖根文化研究会的生存和发展。该会作为全国蒋氏文化研究的牵头单位，在联系各地蒋氏宗亲会中有着不可替代的作用，但目前其生存和发展遇到的三大问题必须尽快得到解决。一是解决其生存问题。二是解决其领导班子换届的问题。三是解决其骨干会员力量不足的问题。目前的会员绝大多数为县、乡在职干部职工，学识、经验和文字功底非常有限，制约了蒋氏文化向更深层次的研究。当务之急，是在各地蒋氏宗亲、大专院校、科研院所中发展一批热心会员，充实研究队伍的力量。

2. 密切与中华蒋氏宗亲联谊会的关系。该会是全球蒋氏宗亲联谊的总理事，在全球蒋氏华人中的号召力无人可敌，其办公地点远在湖北省的武汉市。该会领导人与淮滨县和期思镇以往领导交往较多、感情密切，但现任县、乡相关领导与之接触较少，长此以往不仅淡化感情，而且不利工作的协调。淮滨县的有关领导在这方面应当主动上门与之多交流、多沟通、多协商，尽快在两地建立一个妥当的会商机制，并且支持其在各省、市、区建立分会，以利节会的组织工作。

3. 指导淮滨县当地的蒋氏族人尽快成立宗亲联谊会。民间交流是联络姓氏宗亲的主要管道。成立淮滨县蒋氏宗亲联谊会不仅能组织当地蒋氏宗亲与政府互动，而且还能在办会期间为政府分担一份担子，更重要的是它能发挥民间组织的特殊作用，办很多政府不能出面或不益出面的事情（如为祖庙建设募捐）。

4. 与淮滨县华夏蒋氏文化（期思）咨询服务公司开展旅游项目合作。该会在期思镇注册，办公在湖北省的武汉市，主要从事旅游和会展业务。去年该公司曾组织50多位各地蒋氏宗亲参加了第四届“中华蒋氏淮滨寻根恳亲暨文化交流研讨大会”，来宾组织有序，给会议增色不少，成为当年会上的一道独特的风景。该公司隶属于中华蒋氏宗亲联谊会旗下，与各地蒋氏宗氏联系广泛，且热心于蒋氏文化传播，是未来淮滨开辟精品文化旅游观光线路最可依赖的力量。淮滨县旅游部门应当与之加强联络沟通，结成工作对子，合作开发经营淮滨精品文化旅游观光线。

（七）办好每年一届的“中华蒋氏淮滨寻根文化节”

我们相信，有县委政府的正确决策，有各相关部门的通力合作，有各地蒋氏宗亲的激情参与，有各地宗亲联谊会等民间组织的密切配合，有过去办会积累的经验参考，“中华蒋氏淮滨寻根文化节”一定会办得越来越好，一定能成为扬名淮滨、繁荣淮滨的地方精品文化节！

（作者系中共淮滨县委常委）

强化根亲文化资源策划推介

——打造“中华蒋氏淮滨寻根文化节”金品牌

许沪新*

“中华蒋氏淮滨寻根文化节”是一个有着深厚文化积淀和良好发展推介根基的节庆品牌。在迈入信息化的今日，宣传推介对于提升“中华蒋氏淮滨寻根文化节”的人文品位和形象魅力发挥着越来越重要的作用。对此，建议以系统工程为抓手，开展一系列富有针对性、各具特色的宣传推介活动，传承和弘扬中华民族传统文化，促进两岸人文经贸交流，助推地方经济社会发展，全面有效地提升知名度和美誉度，打造“中华蒋氏淮滨寻根文化节”金品牌。

1. 一段热情优美的礼宾语音（彩铃和短信）。礼宾语音、彩铃和短信的诞生，体现了一种新的展现自我的独特方式，公务活动、形象展示中也起到了积极的作用。现在固定电话和手机成为重要的宣传媒体和载体，我们很有必要设计具有宣传元素和鲜明特色的礼宾语音、彩铃和短信，进行修饰和美化，设计在办公电话和工作人员的手机中，用优美的话音片段、语言图片代替枯燥的“嘟嘟”声，产生赏心悦目的视听效果，将内涵表现出来，把热情传播出去，扩大形象传播的覆盖面。

2. 一句主题形象宣传语。口号宣传对于提高知名度、认知度能

* 许沪新，河南省新乡县邮政局。

起到很大的作用。建议征集遴选一句精练生动、含义丰富的主题宣传口号，在公共场所进行设置，在报刊、网络、电视等视听媒体发布，“叫”响自己的形象。

3. 一首形象歌曲。歌曲能够展现蓬勃发展的新形象，激发从业人员诚信敬业的工作热情。建议创作或征集旋律优美、清新流畅、易于传唱的歌曲，以强烈的艺术表现力和感染力来凝聚人、感染人、影响人、促进人，增强号召力和归属感，进一步提升形象，成为对外宣传的鲜明旗帜。

4. 一个“智库”。聘请社会各界人士组成发展智囊团，形成长效机制，为更好更快地发展建言献策。

5. 一套主题宣传图册。使主题鲜明的宣传图册具有较高的观赏价值和收藏价值，在市民心中扎根发芽。

6. 一套形象电话卡（手机卡）。和通讯部门携手制作主题形象电话卡（手机卡），集观赏性、知识性、收藏性于一体，全面提升人文品味，不仅可用于宣传推介，而且具有通信、收藏等实用价值。

7. 一张形象宣传海报。要求作品能充分展示独特的形象视觉和人文精髓，创意性和观赏性强，构思巧妙，鲜明独特，使人过目不忘，使形象宣传走进人们的日常生活。

8. 一部电视专题片。精心制作系列宣传片，进行适当密度的广告投放播映，更好地提升形象魅力。

9. 一个大事记评选活动。先通过报纸刊登题目进行“海选”，选出优秀的答题人现场进行作答，由电视台进行录制，通过评选活动展现风采，扩大声势，有效引发关注。

10. 一副形象宣传楹联。建议征集遴选独具特色的形象宣传楹联，邀请书法名家誊写篆刻，达到“名联名书”合一的效果，彰显鲜明的宣传元素，充分展示独特的品牌形象和魅力风采。

11. 一张宣传光盘。一张形象光盘就好比一本会说话的宣传册、一名优秀的推销员。建议制作宣传光盘进行推介，经过独特的创意构思组合，运用文字与图形、专业配音员解说、同步动画演示、虚拟现实的三维动画、真实再现的录像视频片段、结合计算机的交互查询功能，用于宣传活动，生动展现风采，以舒心的视听享受加深市民的认识和印象。

12. 一套音像宣传体系。利用彩屏、LCD大屏幕展示风采，播放主题歌曲，营造立体的宣传氛围。

13. 一套个性化形象宣传邮品。邮品不但在集邮者中流传，而且还是深受欢迎的收藏性礼品和特殊媒体，具有宣传成本低、社会影响力大、品种文化层次高等多方面的优势。建议和邮政部门协作，设计邮册、邮折、纪念封等邮品，成为流动的形象宣传名片。

14. 一个Flash。Flash动画具有体积小、兼容性好、直观动感、互动性强、支持MP3音乐等诸多优点，是当今最流行的互联网动画格式。建议设计制作美观、时尚的Flash动画网页作品，力求做到效果逼真、图像细腻、生动传神，达到令人过目难忘的效果，传到互联网上供网友观看和下载，将枯燥乏味的说明变成生动形象的图像，进行全面到位的诊释，以震撼的视听冲击铭刻于观赏者的脑海中。

15. 一篇形象宣传软文。软文的风格以感性诉求为主，激发市民内心的共鸣。

16. 一副主题形象扑克。制作一副主题形象扑克牌，把宣传内容印刷在上面向宾朋赠送，让大家在娱乐之余了解宣传内容，全面加深认知。

17. 一个主题宣传网站（或网站的专题栏目）。通过网络建设，将数字化手段涵盖应用于宣传推介、服务和管理等各个方面。

18. 一个新闻发布推介会。邀请各大媒体、知名企业及社会名流参加新闻推介会，广为宣传推介。

19. 一条服务专线。设立服务专线，成为宣传推介的渠道、沟通感情的桥梁，提供全方位的资讯服务。

20. 一篇形象宣传赋。邀名家撰写一篇语言精练、内涵丰富、端庄大气、动人心魄的赋文，融括精神内涵、发展愿景等，激励不断进取。

21. 一次主题知识竞赛。通过互动参与的形式，举办知识竞赛，加大与市民的互动性，拉近距离，加深人们的了解与认知。

22. 一个恳谈会。邀请广大市民交心恳谈，为更好地发展建言献策。

23. 一套明信片。以明信片为载体充分彰显人文内涵，提升形象魅力。

24. 一次主题活动调查。和主流报刊、网络等媒体合作，举办一次有奖调查问答活动，通过问卷调查等形式，就不和谐情况提出问题、发表意见和建议，便于改进不足，更好地发展进步。

25. 一个形象大使。确定形象健康、亲和力强的社会名流作为形象大使，以名人效应打造形象品牌。

26. 一个意见建议专项奖。为了强化和接受社会的监督，让市民享受到优质、便捷、规范、真诚的服务，建议设立意见建议专项奖，对改进服务工作、提高服务水平的建议人给予奖励。

27. 一个主题摄影大赛。联合摄影协会开展主题摄影大赛，摄录有关活动的精彩内容，评选出优秀作品，借活动的开展进行造势和宣传。

28. 一个发展成果展。通过成果展的形式，凝心聚力，为更好地发展鼓与呼。

29. 一个联谊会。邀请相关人士参加联谊活动，交流情感，携手发展。

30. 一次主题征文。广泛宣传，深入发动，拉近与市民距离，倾听市民心声，形成全民参与的良好氛围。

31. 一个形象吉祥物。结合自身的形象定位，设计出富有特色的吉祥物，力求构思新颖、主题鲜明、时尚可爱。同时可配套准备一些便于宣传推介的系列小礼品，比如实用的雨具、水杯、笔筒、文化衫、遮阳帽、折扇等，刻印上宣传推介内容，让市民牢记宣传主题。

32. 一条人文长廊。在开阔的公共场合设立文化长廊、文化墙、雕塑小品等，恰如其分地融入人文景观，使其洋溢着丰富的文化内涵和底蕴，使市民在观赏的同时既了解知识，又得到美的艺术享受。

33. 一群社会监督评议员。聘请社会各界人士（如学生、机关、社会工作人员、社区居民和退休人员等）担任监督评议员，让监督员有针对性地提出问题和建议，真诚地交流与探讨，使社会各界广泛参与到管理工作中来。

34. 一次主题活动论坛。约请社会知名专家学者进行论证研究，助推又好又快发展。

35. 一个“点子库”。拓宽建言献策渠道，建立“金点子”征集机制，设立网上信箱和意见箱，同时结合走访、座谈、发放问卷等方式，广泛征集社会各界的意见建议，由专家对征集到的“金点子”进行整理、归类，科学分析，去劣取优，去伪存真，应用于工作实践。

36. 一面祝福墙。邀请来宾和市民写下自己的祝愿和感悟等寄语，群策群力见证发展的风采，同心同德共迎美好的未来。

37. 一个新闻发言人。制定媒体采访接待流程，全面对接媒体宣传活动，有效宣传新形象、新成就。

38. 一个形象徽标。徽标是一种真正的“世界语言”，如果设计得好，就可以不受语言、文化、地域等的限制，被大众释读。例如，麦当劳的黄色M字形的组合，使得它在全球范围内有了统一的标识语言。无论我们到世界的什么角落，只要看到这样的图案，很快就会把它释读为麦当劳，绝不会把它同其他图案相混淆。我们可以用徽标图案来表现自己，设计造型完美、结构大方，具有较高美学价值的徽标，作为自己的简明“代号”，易于被公众所识记，达到有效传递的效果。

39. 一篇解说词。深入挖掘盘整古今历史、人文与生态资源，努力以古今具有代表性的景物、风物、事物、人物更好地导引参观游览，使文化旅游形象在游客心中生根发芽，惠及旅游文化大跨越、大发展。

40. 一张游览导览图。对旅游资源进行全面勘察，制作一张全新的旅游导图，扩大宣传效果。

41. 一个寻根文化旅游文化节目。结合本土民俗文化进行有效定位，编排和制作具有自身独特风情的大型旅游节目，进行实景演出，彰显根亲文化特色和人文气质，同时实现电视直播和网上直播，扩大受众范围，展示风采。

42. 一条精品寻根文化旅游路线。全面整合旅游资源，设计一条精品路线，大力向游客推介，带动全面发展。

44. 一本导游手册。向社会征集有关传说、趣闻、轶事等文学作品，结集出版一套旅游丛书，达到“一册在手，便捷全有”的效果，使游客可以进行全方位了解。

45. 一张“寻根文化旅游一卡通”。建议适应全国节假日调整的形势，由旅游主管部门、文体主管部门共同推出“旅游一卡通”。持卡者可在一定时期内（如一年）不限次数游览观光，并可持卡购物、住宿等，进一步拓展客源市场，拉动消费需求，带动食、住、行、游、购、娱等产业链条的发展，促进文化旅游市场持续繁荣兴旺。

46. 一个寻根文化发展基金。争取财政支持，以基金夯实发展根基。

建立中华蒋氏淮滨寻根文化节网络宣传体系的建议

刘璟珺

互联网是最实惠、实用的宣传载体，丰富廉价的互联网资源为“中华蒋氏淮滨寻根文化节”的文化建设与品牌宣传提供了广阔的平台，这是传统的宣传载体不可比拟的，所以，我建议中华蒋氏淮滨寻根文化节应充分利用互联网的免费资源建立起一个中华蒋氏淮滨寻根文化节网络宣传体系，让中华蒋氏淮滨寻根文化节深入网民心里，提高网民对中华蒋氏淮滨寻根文化节的认知程度，打造巨大的品牌效应。宣传体系具体包括以下内容：

一个“百度贴吧”：建议建立一个“中华蒋氏淮滨寻根文化节吧”，让关注中华蒋氏淮滨寻根文化节的网友在吧内进行开放式交流话题的深度互动，为中华蒋氏淮滨寻根文化节工作献计献策。

一批“百度知道”：中华蒋氏淮滨寻根文化节应设计一些关于中华蒋氏淮滨寻根文化节的典型性针对性问题，提交到“百度知道”里，然后给出相对的答案。而相对的答案将成为搜索结果，提供给网友搜索。

一批“百度百科”：把“中华蒋氏淮滨寻根文化节”的定义性信息上传到“百度百科”，给中华蒋氏淮滨寻根文化节赋予特定的文化内涵与地域特色，让网友加深对中华蒋氏淮滨寻根文化节的了解。

一个博客：为了扩大中华蒋氏淮滨寻根文化节的宣传阵地，建立一个“中华蒋氏淮滨寻根文化节”博客，加强与网友的沟通互动以及信息交流。

一个视频播客：利用姓氏文化、蒋氏文化、淮河文化等文化资源制作一个宣传中华蒋氏淮滨寻根文化节的视频，上传到著名的视频播客网站上，与广大网友分享，增强中华蒋氏淮滨寻根文化节的宣传效果。

一首网络歌曲：制作一首朗朗上口的中华蒋氏淮滨寻根文化节歌曲，以MP3的格式上传到播客中，让中华蒋氏淮滨寻根文化节资源成为耳熟能详的美妙之音。

一本电子相册：在网易、新浪等网站上建立一个“中华蒋氏淮滨寻根文化节”开放式电子相册，把与中华蒋氏淮滨寻根文化节资源的数码图片上传到电子相册里，供网友浏览。

一套网络邮票：建议与网易163邮箱等网络邮件运营商合作，把中华蒋氏淮滨寻根文化节资源设计成一套中华蒋氏淮滨寻根文化节网络邮票，并且举办中华蒋氏淮滨寻根文化节网络邮票抽奖活动。

一个网络访谈节目：以互联网为平台，通过邀请相关部门的领导与网友以图文直播的方式进行在线交流，就中华蒋氏淮滨寻根文化节的问题进行解答，加强彼此的了解，深化互信。

一个网络论坛：以互联网为平台开设一个中华蒋氏淮滨寻根文化节的网络论坛，与网民为中华蒋氏淮滨寻根文化节的发展进行探讨交流。

一次网络文化节：建立一个“中华蒋氏淮滨寻根网络文化节”，以网络文化节为平台，开展与中华蒋氏淮滨寻根文化有关的丰富多彩的网络文化活动，提升中华蒋氏淮滨寻根文化节的文化品位，增加中华蒋氏淮滨寻根文化节宣传的趣味性。

一个QQ交流群：建议创建一个中华蒋氏淮滨寻根文化节QQ交流群，邀请网友、专家等加入QQ交流群，进行在线的探讨与交流，为中华蒋氏淮滨寻根文化节建言献策，加强互动，加深了解。

宣传体系的建立具有成本低，技术要求低，覆盖范围广等特点，而且宣传效果具有持续性，有效地帮助网友更好地了解认知中华蒋氏淮滨寻根文化节。我想，借助互联网的无穷威力，一定能让中华蒋氏淮滨寻根文化节散发出更美的魅力，制造出更大的影响力。

（作者系自由职业者）

开发期思蒋氏文化旅游产业模式

——期思蒋氏文化活动反思

蒋义和*

文化是历史的积淀，是我们在不知不觉中形成的。随着国家经济的发展和广大群众物质生活的逐步富裕，满足广大群众在文化方面和精神方面的需求是我国目前首要的任务。我国“十二五”规划中明确定义文化产业要实现“文化产业倍增计划”，倍增，指的是效益倍增、投入倍增、服务倍增和收入倍增。这项规划将使文化产业成为国民经济支柱性产业，不仅能推动经济社会全面发展，而且更能使老百姓增加幸福感。在国家大力推动发展文化产业的宏观背景下，淮滨县及期思镇政府应凭借这股东风，组织力量，深入研究，设计规划，如何发展期思蒋氏文化旅游产业，引领全球蒋姓如何来淮观光、祭奠、购物，这是一项利国、利民、更利蒋氏的宏大工程。

众所周知，我国文化产业模式才刚刚起步，没有广泛的实践基础和深厚系统的理论基础，只有一些简单的模式供借鉴，弄不好很容易纸上谈兵。

探讨发掘淮滨期思蒋氏文化旅游产业模式，首先要深入研究蒋氏文化产品特性，了解全球蒋姓来淮消费特点，如何提供蒋氏文化产品及优质服务，打造蒋氏文化特色品牌，推动淮滨及期思镇经

* 蒋义和，江西省丰城市。

济发展，如何把期思镇蒋氏文化产品与旅游产业、蒋氏网络平台融合，这是摆在当地政府面前的一项重大课题。我认为以蒋氏文化为灵魂，以蒋国陵园景区为依托，以创意为核心、以旅游产业为支撑、以蒋氏文化服务、网络平台服务为触角的期思蒋氏旅游文化产业模式，是期思镇发展战略最好的选择，也是淮滨政府最好的选择。现就期思蒋氏旅游文化产业模式提出以下建议：

一、充分理解蒋氏文化产品的特性，把握蒋姓来淮消费特点

蒋氏文化产品，有两个方面的内涵：一是不可移动的物质文化资源，如蒋姓墓碑、公祠、庙宇，属地遗迹、古迹等。二是蒋姓文物、族谱、文艺作品、名人书画手稿等流动性文化产品。

蒋姓来淮消费人群的特点有五：一是寻根问祖，瞻仰蒋姓始祖伯龄。二是一睹古蒋国遗址风貌，凭此追忆先贤。三是寻求宗脉，期望宗亲交流获取蒋氏文化产品（这种人占比最多）。四是财富富足，图谋发展，名利双收。五是愿为蒋氏做些贡献，立志族谱事业（像蒋大力等人，这部分人最少）。

淮滨现有的不可移动物质文化资源是蒋国故址内的伯龄墓等，目前正在抓紧时间恢复或重建，这是一项蒋姓标志性的文化资源，是蒋姓发源圣地，是独一无二在全球范围内无可替代的蒋姓文化品牌资源。

淮滨现有的流动性文化产品很少，蒋姓的文物、古迹发掘的也比较少。族谱虽有多种版本，流传在世的古今族谱有几百种，但收藏在世界各地藏馆及民间。蒋姓名人书画、文艺作品也有不少，馆藏不多，大都散落于民间，难以收集。

为了满足广大蒋姓来淮消费趣味，淮滨当地政府要依托地方不可移动的物质文化资源——蒋国古城遗址公园，以发展文化旅游作

为主要的突破口，搞好基础建设，做好配套设施，发展第三产业，提供蒋氏文化产品，备好蒋氏纪念物，使所有来宾都有收获，看得开心，玩得高兴，吃住满意，行走方便，流连忘返，不虚此行，这样才能实现社会经济综合效益。

二、如何打造蒋氏文化产品，树立蒋氏文化品牌形象

要发展蒋姓文化产品，坚持古为今用、推陈出新，通过精心萃取，使之不断发扬光大，成为涵养蒋姓精神的不竭源泉。为此要成立“蒋氏文化产品开发中心”，把蒋氏优秀人才组建起来，集中力量研究开发蒋姓文化产品，研发出切实可行的能使广大蒋姓宗亲接受的文化产品品牌，利用各地蒋氏宗亲会、蒋氏网络平台大力宣传、推广应用，树立起蒋氏文化品牌形象。

树立蒋氏文化品牌形象必须做好以下两点：

1. 继续发掘蒋姓物质文化遗产。当前淮滨现有蒋氏文化产品是不可移动物质的蒋国古城公园，其品牌就是伯龄墓。有这些还是远远不够的，要增加公园内的文化景点，把外地具有标致型的蒋姓文化物质遗产复制过来，并配备文物介绍、精典讲解员。让所来参加的蒋氏宗亲了解蒋姓源流历史，接受一次家族发展史教育，使得来宾认为很有收获，值得一看。

2. 加大力度开发蒋姓流通性文化产品。淮滨蒋姓流通性文化产品如蒋姓通谱、总谱、族谱一类的文化产品，几乎没有；蒋姓名人名作、艺术产品更是寥寥无几。为此要组建研发团队，加大力度开发蒋姓流通性文化产品，如蒋姓通谱、总谱、工艺品、纪念品等。

应该意识到，品牌并不是一蹴而就的，“蒋氏文化产品”的品牌之路还很长。需要拿出一套切实可行、行之有效的规划方案组织实施，管理者应注重长远发展与当前实际相结合，兼顾当地经济与

蒋氏精神文化提高，才能互相促进，共同发展。

三、组建科学合理的管理团队，提高经营管理能力和创意能力

没有一个强有力的管理团队是很难开创蒋氏文化旅游产业模式的，要整合资源，把当地政府部门、旅游、公园、蒋氏产品开发机构组建成科学合理的管理团队。也可考虑聘请一个具有丰富的实战经验、卓越的管理团队来操作完善蒋氏文化旅游产业模式，拥有一个高精尖的产业管理团队是加速产业化发展的内在动力。蒋氏文化旅游产业模式组建的管理团队要利用丰富的蒋氏文化资源、网络资源、国家可利用资源，不断锐意进取，以科学发展观，系统筹划，分步推进，不断推陈出新，提升创意能力，推出新产品，新概念。例如，一年之中搞一次大型的祭祀活动，这种活动由淮滨政府和中华国际蒋氏宗亲组织；搞四季省区或大片区蒋氏文化交流研讨活动，这种活动由省区宗亲会和管理团队共同组织。月度或不定时活动，由管理团队以某主题或创意组织小范围内的或爱好者之间的交流活动。总之要给蒋氏文化产业带来真正变革，立足促进蒋氏文化旅游产业全面创新为着眼点。

四、搞好基础设施建设，引导当地服务业跟进。

继续完善景区绿化、道路护栏、景区围墙、大门、步游道、游人接待服务中心、污水排放、治安室、餐饮、旅馆等配套设施建设。在这些基础配套建设中积极创建仿古蒋氏餐厅、仿古观景亭，结合城镇化进程，引导当地服务业跟进，创立蒋氏特色文化产品纪念品店、蒋氏文化产品专卖店等，紧紧围绕蒋氏文化旅游产业模式服务，建立布局合理、结构优化、管理规范、服务优质的现代蒋氏文化旅游产业流通模式。只有这样栽好梧桐树才能引得凤凰来，来

了才能使宾客玩得好、住得下、留得住，才可以使这种文化旅游产业化、常规化、常年化，而不只是一年甚至几年才搞一次活动。

五、招商引资促发展，立项争资引人才。

产业的发展，离不开雄厚的资金推动。招商引资才能促进长远发展，立项争资争取国家扶助政策，引进高精尖专业人才能使企业有活力，借助外力发展蒋氏文化旅游产业。

当地政府要制定“招商引资优惠政策”，建立健全各种规章制度，保护投资人的合法权益，营造良好的投资环境，制定多种形式的引资、捐资办法，保证投资者、捐资者相应权益真正落实，不受侵犯。在土地征收、拆迁、平整等工作给予大力支持。在投资利用、项目进展、财务监督方面得以公开、公正、公平。

结合城镇化建设，蒋氏文化旅游产业模式争取国家立项，取得相应的扶助政策。期思蒋国故城遗址具有国家非物质文化遗产特征，争取国家立项符合国家大力推动发展文化产业的宏观战略，也符合我国 “十二五”规划中明确定义文化产业要实现“文化产业倍增计划”的要求，这是顺理成章的事。当地政府要利用各种资源国家立项政策落实，使蒋氏文化旅游产业模式走上正轨。

当地政府部门要高度重视人才引进。人才是推动经济社会发展的“加速器”，哪个地方人才总量大，优秀人才多，作用发挥好，哪个地方投资环境就优，发展后劲就足。蒋氏文化旅游产业引进人才不能盲目引进，要按产业所需引进具有高精尖的创意人才及创业管理人才，还要引进对蒋文化造诣深厚的专业人才，利用他们开发蒋氏文化新产品；同时还要做好引进人才的考察、培养、激励、善后服务工作，要做到物尽所用，人尽其才，充分发挥人才效应，使蒋氏文化旅游产业蓬勃发展。

另外还可招商引智，利用网络强大的信息资源优势，建立一个招商引智平台，制定一套有特色的完善的招商引智规则。

综合来看，文化底蕴越丰厚的地方往往越不容易做好文化产业，因为传统业已形成，很难改变，文化产业做的好的地方都是以创新为主。淮滨期思镇文化产业才刚刚起步，文化产业的快速发展主要取决于政府成功的文化产业政策和公共资源扶持。做好一个文化产业最需要三点要素：一是文化资源；二是经济资源；三是人才资源。有文化资源没有经济基础也是白搭；有一定经济基础的地方才有消费潜力；人才资源丰富的地方才能发展产业。华西村就是最好的例子。

现在是我国发展文化产业的最佳时机，为推动蒋氏文化产业发展，淮滨当地政府应立足基础投资，争取国家立项，积极引进外资。随着社会的发展，把蒋氏文化作为一种产业对其进行大力扶持、深入开掘，逐渐成为当地政府的增长点，成为全球蒋氏族众的向往圣地。

蒋成富事迹

“忠孝节义”是蒋成富给自己定下的人生座右铭。从10多岁起，饱受生活磨难的他，是在母亲谆谆教诲之下，一步一步成熟起来，艰辛走上成功道路的。无论是开服装厂还是后来从事其他行业，他都以人格魅力深深地影响着周围的朋友们和企业员工，在朋友圈内和社会上享有很高威望。回忆自己成长的经历，他总说，是母亲教会了自己做人做事的道理，一个人不懂得孝就不懂得忠，不懂得节就不懂得义，孝是做人做事的根本。

减少一些矛盾，增加一份和谐——这是蒋成富经常挂在嘴边的一句老话。多年来，蒋成富始终为社会和谐的这一信念努力着、奋斗着。

2010年1月，在温州市相关部门领导的支持下，蒋成富联合几位资深的专家、教授、社会工作者、知名的律师和物业、建筑专家发起成立了温州市业主和谐生活研究会，蒋成富被推举为研究会会长。从此，蒋成富和他们的研究会便走到了构建和谐社会的最前沿，成为实现小区和谐的领头雁。

2011年9月中旬，浙江省委书记赵洪祝，浙江省委政法委副书记宋光宝，浙江省副省长、温州市委书记陈德荣先后作出批示，对业主研究会创新社会管理的探索工作给予了高度肯定。

他率领的团队在全国率先倡导小区业主和谐生活，协调化解小区内各类社会矛盾，促进小区联合自治，打造和谐社区、平安社区，取得的经验已在全国多地推广。

2011年10月22日，在北京国家会议中心举办的第十七届中华大地之星十佳新闻人物活动评选中，蒋成富被授予“中华优秀改革家”荣誉称号；2011年12月18日，蒋成富当选温州市鹿城区第八届人民代表大会代表。

面对荣誉和成绩，蒋成富说，荣誉是过去的历史，生命的价值在于他为社会做了多少有益的事,社会和谐要靠社会大众共同努力，人人参与和谐，社会才会和谐。

（文字提供：温州市业主和谐生活研究会）

征文评奖委员会

主　任：张新斌（河南省社科院历史考古研究所所长、研究员）

副主任：尹全海（信阳师范学院历史文化学院院长、教授）

委　员：李德胜（副编审）

尤新峰（中华诗词文化研究所研究员、
淮滨中华蒋氏祖根文化研究会秘书长）

张彦林（河南省作家协会会员、作家）

评奖结果

一等奖

《蒋国历史地理问题考辨》……………………………………………陈隆文

《蒋国历史与地理综考》……………………………………………金荣权

《源远流长》……………………………………………………………蒋家兴

《期思古城漫记》………………………………………………………李绍曾

《蒋——出自河南淮滨的姓》………………………………………谢均祥

二等奖

《蒋城蒋国蒋姓》………………………………………………………林　长

《古蒋国地望尉氏说辩疑》…………………………………………尤新峰

《西周蒋国与期思地理小考》………………………………………戴吉强

《探究蒋氏的起源、迁徙、发展》…………………………………蒋笑婷

《豫闽台蒋姓一家亲》………………………………………………蒋利人

《蒋国·人物戍周的地位和作用》…………………………………蒋鸿霖

《蒋氏辞》………………………………………………………………凹　凸

《淮滨，根情永远的地方》…………………………………………蒋长青

《谱系》…………………………………………………………………陆　承

《换一种方式扬名淮滨》……………………………………………方　辉

三等奖

《蒋姓渊源》……………………………………………………………………文　汇

《蒋氏发源地与期思古蒋国》……………………………………………许竟成

《中国姓氏文化简论》…………………………………………………………蒋泷峰

《释后汉书郡国志“期思有蒋乡故蒋国”》………………………王琳、王佳涵

《在没有确凿证据之前不要妄加定论“子姓蒋”》…………………蒋义和

《河南省蒋氏族源、迁徙、居住、发展考略》………………蒋成才、蒋红波

《再论蒋氏祖籍》………………………………………………………………蒋远举

《蒋、王、常姓渊源初探》……………………………………………………常俊记

《浙中蒋氏郡望初探》…………………………………………………………蒋加良

《儒家思想在安儒》……………………………………………………………蒋模桂

《宋濂与东阳蒋氏的情结》……………………………………………………蒋泰灯

《浅说琬公应是九侯中何人之后裔》………………………………………蒋秉高

《论蒋国都城研究问题》………………………………………………………彭大国

《论〈中华蒋氏总谱〉家谱修编原则》………………………………………蒋肇文

《回家——致中华蒋姓宗亲》…………………………………………………张贵义

《蒋氏礼赞》……………………………………………………………………蒋建国

《诗二首》………………………………………………………………………蒋尧民

《抚摸祖先的根骨倾听历史的心音》…………………………………………蒋汉昇

《寻根记》………………………………………………………………………樊保章

《强化根亲文化资源泉策划推介

——打造“中华蒋氏淮滨寻根文化节”金品牌》…………………………许沪新

《建立中华蒋氏淮滨寻根文化节网络宣传的建议》…………………………刘璟珺

编 后

经过编者和作者的共同努力，本征文集终于顺利编成。本书不但是首届海峡两岸蒋氏文化论坛暨第五届中华蒋氏文化研究的心血结晶，对于促进两岸文化交流，使根亲文化研究更深入发展还具有十分重要的意义。

河南省人民政府台湾事务办公室主任宋丽萍为本书作序，中共淮滨县委、淮滨县人民政府对征文集的编纂出版十分重视。县委书记吴刚、代县长曾辉、县委常委方辉等领导亲自担任本书编委的主任、副主任，认真审定编纂工作方案，过问编辑过程中的具体事宜，邀请省内相关领导和知名学者、专家担任编委顾问，指导征文的评选与文稿的选编。

征文的评奖工作由河南省社会科学院历史与考古研究所所长张新斌教授、信阳师范学院历史文化研究院院长尹全海教授负责主持。中国史志学会会员、副编审李德胜，中华诗词文化研究所研究员、淮滨蒋氏根亲文化研究会秘书长尤新峰，河南作家协会会员、作家张彦林等任评奖委员会委员参与征文评奖工作。评奖的对象主要是论文类文章，同时也兼顾到诗歌、散文和建议类文章。论文类文章评选的原则和标准是：紧扣主题，突显最新研究成果。共评出一等奖5名，二等奖10名，三等奖21名。

由于时间仓促，加之篇幅有限，以至于有些优秀的文章未能收入本书，在此谨表歉意。

在本书的编辑出版过程中，我们得到了淮滨县文化广电新闻出版局、淮滨县教育体育局、淮滨县史志研究室的支持，淮滨县统计局也在本书的编辑审稿过程中提供了方便，在此一并表示感谢。由于编辑水平有限，不足之处敬请批评指正。

编 者

2012年3月5日